NOBODIES KOKORO

IN NOMINE PILU
(TOGHE, ESCORT, COCAINA)

LIBRO 6

BATTAGLIE KARMIKE E DEE
BENDATE

BATTAGLIE KARMIKE E DEE

BENDATE

I

ACCESSO AGLI ATTI

Ci sono due errori che si possono
fare lungo la strada per la verità:
non andare fino in fondo
e non partire.
(Buddha)

Un vincitore è un sognatore che
non si è mai arreso
(Nelson Mandela)

Dopo aver tristemente preso atto della
mia condanna in contumacia, scrivo
alla procura di bergamo per avere
accesso agli atti e chiedo
contemporaneamente anche l'accesso
al fascicolo del procedimento contro
Frida. Dal duemila dieci cerco di avere
questi atti: in un anno ho inviato tre
Pec senza alcun tipo di riscontro.
Nel frattempo, il trentuno maggio il
Fatto quotidiano scrive un articolo

molto critico nei confronti della PM Maria Cristina Rota, denominandolo sentenza preventiva:

In oltre trent'anni di indagini e processi ne abbiamo viste tante, ma questa ci mancava: un PM che, appena avviata un'inchiesta, emette già la sentenza, per giunta sballata, per giunta in tv. È accaduto l'altro ieri con l'incredibile dichiarazione rilasciata al Tg3 dalla PM di bergamo Maria Cristina Rota subito dopo aver sentito come testimoni il […]

A fronte delle Pec ignorate, decido di scrivere alla procura generale di Brescia. Dopo di che finalmente il Maresciallo dott. Villa mi contatta dalla procura di bergamo per farmi estrarre copia degli atti, mi presento il 24/09/2020, in piazza Dante, 2 e chiedo della stanza n.9. Arrivo, busso e mi trovo davanti il maresciallo Villa, ho con me un testimone. Mi presento e gli dico che sono venuto per delle copie, capisce ed inizia ad innervosirsi, inizio a registrare.

AUD-20200924_Mar_Villa_BG_Procura_atti _Archivio-.mp3

[M.llo Villa 00:08] «Avanti. Sì, allora questi sono i tuoi cavoli. La prima volta ha scritto al tribunale e quindi non il...tribunale non ha fascicoli, questi, la seconda volta ha scritto con l'indirizzo non valido copiearchivio.procura.bergamo@giust izia.it, così almeno conosce ritardi. Il motivo di ritardo? Prima volta l'ha diretto al tribunale, sulla seconda, è una mail non attiva.

[M 00:44] «Non è mai stata attiva questa qui?» la Pec risultava sempre ricevuta e con le ricevute di consegna.

[M.llo Villa 00:47] «No, la mail è archivio.procura.bergamo@giustizia.it»

[M 00:55] «Vabbè» la mail a cui ho scritto l'ho trovata sul sito del palazzo di giustizia di bergamo e diceva di scrivere a questa per richiedere copie di atti in archivio.

[M.llo Villa 00:56] «Vediamo, qui… allora»

[M 00:58] «Quell'altra, ho aggiunto l'e-mail, giusto, alla direttrice penale»

[M.llo Villa 01:02] «Sì, ma che non ha nulla a che fare con la parte requirente, ha scritto (alla) giudicante. Allora?»

[M 01:12] «Io ho portato una chiavetta da trentadue giga, (quant' è) più o meno il costo delle copie?»

[M.llo Villa 01:16] «Sì, guardi, come le dicevo, questo qui del più corposo, poi c'è quest'altro, in fondo a destra ci sono le macchine fotocopiatrici. Inserisce la chiavetta e poi c'è una leggenda scritta sul muro, su… sulle varie procedure per la scansione. Va bene? Allora si può utilizzare questo come richiesta, come richiesta copia, in modo che non paga nemmeno l'urgenza, che però verrebbe nemmeno pagata l'urgenza perché le fa in formato digitale. Le do un modulo, un attimo. No, no, certo, ce ne sono. No, non penso. Beh»

[M 02:11] «Vediamo se viene riconosciuta» intendo la chiavetta USB dalla stampante-scanner multifunzione.

------metto in pausa la registrazione----

[M.llo Villa 02:29] «Prego. Allora quest'altro qui e rimane al nome. Queste richieste, questi sono i moduli da compilare, sia per questo che per l'attore»

[M 02:48] «Grazie, grazie»

Prendo le copie e gli chiedo se posso fare una dichiarazione spontanea in relazione a degli atti mancanti; Villa dice che non è possibile, esco a prendere le marche da bollo, gliele porto, le attacca sui moduli, faccio foto di entrambi e me ne vado con quello che mi serve sulla chiavetta.

È il 24/11/2020, sono a Milano in un ufficio in via Soperga, è di un mio cliente, Pasquale, si occupa di pronto intervento, il settore è un po' saturo, quindi l'ufficio è vuoto, per me è ottimo, c'è anche la cucina con macchina del caffè ed una stanza per far dormire i collaboratori, sono le dieci e quarantasei di mattina, mi squilla il telefono.

[Sovr. W. Quarta 00:00] «Signor Marco [cognome]?»

[M 00:02] «Mi dica»

[Sovr. W. Quarta 00:03] «Buongiorno, sono il sovraintendente quarta della procura di bergamo della polizia giudiziaria»

[M 00:08] «Sì, mi dica»

[Sovr. W. Quarta 00:09] «Avrei bisogno di parlare con lei per capire una determinata situazione come testimone»

[M 00:16] «In relazione a una signora che non c'è più, che è venuta a mancare? (penso mi stia chiamando per la nonna di Piso e Nisio)»

[Sovr. W. Quarta 00:27] «Lei riesce a venire me lunedì, lunedì, quindi il trenta»

[M 00:31] «Allora, aspetti un secondo che la sento un po' male e prendo nota, allora questa settimana non riesco però»

[Sovr. W. Quarta 00:38] «La settimana prossima; non riesco neanch' io questa settimana»

[M 00:40] «Ok, mi dica, la settimana prossima? OK lunedì trenta. Ok, sì, però le dico la verità, Io a bergamo, non mi sento molto tranquillo a venire a bergamo»

[Sovr. W. Quarta 00:56] «Io sono a bergamo»

[M 00:58] «E va bene. Io adesso mi sono trasferito da poco a Milano, da Monza mi sono trasferito a Milano, però lei mi dice, mi dice il suo nome, scusi?»

[Sovr. W. Quarta 01:10] «Quarta, procura di bergamo»

[M 01:12] «Sì, sì, sì, procura, dove c'è dove c'è il giudice di pace o l'altra. Ah, Ok, Ok, piazza Dante due, Ok? Perfetto. E niente. Ma guardi, se comunque, beh glielo dico, io vengo volentieri, però mi sento a disagio a bergamo perché non so, penso che lei mi chiami per una Pec inviata al PM Bettini, magari un paio d'anni fa in cui io speravo un po' di riscontro. Però vabbè, verrò, vedrò di venire anche se...io preferivo... un'azione interrogativa, (una) chiamata (telefonata) a Milano»

[Sovr. W. Quarta 01:57] «No, no, devo parlare, devo parlarti, devo parlare io personalmente»

[M 02:01] «Se devo...»

[Sovr. W. Quarta 02:02] «Devo chiedere io delle cose»

[M 02:04] «Un po', vabbè, Va bene, Ok»

[Sovr. W. Quarta 02:08] «Milano no, perché poi non, non riesco a far capire quello che mi interessa»

[M 02:13] «Ok, va bene, va bene, Ok, va bene.

[Sovr. W. Quarta 02:08] «Grazie mille a lunedì. Salve, Salve»

[M 02:13] «Salve, Salve»

Mi presento alla procura, incontro il Sovraintendente Quarta, mi fa delle domande su uno che conosco, nulla di che, una questione su una separazione di cui sono testimone, nulla di importante, ad un certo punto gli pongo una domanda.

M «Posso avere una dichiarazione sul fatto che sono stato qui oggi?»

Sovr. Quarta «Sì, le serve per lavoro?»

M «No, perché vengo dichiarato falsamente irreperibile»

Sovr. Quarta «E da chi? mi scusi», ride perché gli sembra assurdo

M «Dai carabinieri, quelli indagati!»

Il Sovr. Quarta scrive la dichiarazione che gli ho chiesto sulla mia presenza quel giorno in procura e dopo averla stampata dice «Aspetti che le metto anche il timbro a secco», mi fa segno di alzarmi, scendiamo le scale e torniamo al piano dell'ingresso, si dirige a destra dell'ingresso, torna dopo meno di un minuto con il foglio che aveva stampato, ha timbrato il foglio col timbro a secco della procura.

Sovr. Quarta «Ecco, arrivederci»

M «Grazie, arrivederci»

Voglio proprio vedere cosa si inventeranno sulla mia irreperibilità quando presenterò questo foglio.

II

ANALISI DEI FASCICOLI

Se Dio tenesse nella mano destra
tutta la verità e nella sinistra il
modo di scoprirla,
io sceglierei la sinistra.
(Gotthold Ephraim Lessing)

Sono passato presso la Procura di Brescia, il procedimento penale promosso da Sondrio per la frode fiscale è stato spostato qui e poi archiviato. Hanno provato a fare una prima udienza, ma poi hanno rimandato, il tutto si è concluso con un'assoluzione per prescrizione. Tanto rumore per nulla o tanto rumore con uno scopo preciso?

Inizio ad analizzare fascicoli di cui ho ottenuto le copie a bergamo, li faccio anche vedere ad un mio avvocato, [S], emerge che nel procedimento Frida sono stati distrutti: un cd audio, una denuncia redatta dall'Isp. Maurizio Cester, le dichiarazioni relative al tabulato telefonico fatte davanti all'ispettore capo Paolo Fabrizi, tutte le dichiarazioni fatte all'appuntato Rizzo della GDF ed anche la sentenza. Di alcune distruzioni ne sono divenuto consapevole nell'ufficio dell'avvocato Bergami. Quando chiedo il nome del PM il mio avvocato [S], mi dice «Galizzi, è scritto sul fascicolo», gli spiego che all'udienza vi era un PM donna, mi istruisce, quella era una PM onoraria. Devo scrivere e chiedere il nome ed anche il fascicolo del PM. Penso a quanto mi ci vorrà, vedo poi una dichiarazione spontanea fatta dall'ispettore Marco Gelmini in cui propone l'archiviazione.

Guardo l'altro fascicolo, quello della condanna in assenza. Questo era un procedimento simile a quello di Lodi, in cui nonostante tutti i pagamenti tracciati qualcuno a monte non ha pagato il veicolo, ricordo le parole dell'avvocato Riva «Lei, [Marco], dalla documentazione che mi ha inviato, ha pagato l'auto con pagamento tracciato, il prezzo era giusto; la accusano di ricettazione ed incauto acquisto», poi prese il suo iPhone dalla tasca, me lo mostra e mi dice «Vede, un iPhone, valore mille euro, se lo compri a cento può essere incauto acquisto, ma se lo paghi mille o ottocento e con pagamento tracciato non c'è incauto acquisto e quindi non ci può essere la ricettazione, lei sarà assolto», non ho più la documentazione di quei pagamenti, la ha solo l'avv. Riva Federico, cerco una mail con l'avv. Stocchiero che mi avevano assegnato d'ufficio. Ecco come avevo scoperto che mi avevano dichiarato irreperibile, nella mail del 07/11/2014 l'avv. Stocchiero mi scrisse: "Nel fascicolo del Pubblico Ministero risultava solamente il Suo vecchio indirizzo di bergamo, via borgo canale n. 15, ma all'anagrafe del comune di bergamo Lei risulta irreperibile fin dal 2011". A fronte di questa notizia avevo poi chiamato il comune di bergamo e l'impiegata continuava ad insistere per sapere dove fossi. Adesso però devo preoccuparmi della documentazione, ho tutto riguardo quel veicolo tranne l'estratto conto della banca. Mi servono le transazioni del marzo duemila-nove, scrivo una Pec alla banca, mi risponde un addetto in modo scorbutico dicendo che sono passati oltre i dieci anni e non sono più disponibili. Poi ci aggiunge un: "Tanto era dovuto"; tra le cose più incredibili della situazione è che dalla documentazione emerge che l'avv. Riva mentre io continuavo a chiedergli informazioni sul procedimento e lui a negarsi, ha continuato a presentarsi in aula e a dichiararmi irreperibile. Quindi, rimasi sorpreso di tale comportamento poiché gli avevo corrisposto centocinquanta euro in contanti e in acconto, ma gli avevo specificato che, se avesse voluto di più, avrebbe dovuto fornirmi il suo Iban bancario. Peraltro, lui, appena pronunciavo la parola Iban, sgranava gli occhi, iniziava con un «Eh, ma l'avvocato deve pagare i bolli, le copie». Io rispondevo «Ok, ma l'iban?». Per aver fatto una cosa del genere, deve aver avuto un tornaconto, ce lo vedo mentre si accorda con qualche corrotto di mia conoscenza. Guardo meglio, hanno scritto anche al comune di Catanzaro per reperirmi. La data di nascita di mia madre mi sembra errata, devo cercare, ma ricordo che dagli atti giudiziari che avevo in casa del V da bambino, è nata a novembre, non ad aprile, un ennesimo falso? Intendo oltre al falso del decreto di irreperibilità emesso dal PM Maria Cristina Rota. L'avv. Riva non mi ha sicuramente presentato nemmeno l'ingiusta detenzione per i giorni di domiciliari che mi sono fatto e non ha chiesto i danni per gli articoli diffamatori ed all'autofficina ABDE.

Scriverò delle Pec relative ai procedimenti all'avv. Riva Federico (c.f.: RVIFRC66S20A794E), ma non avrò alcuna risposta.

La sentenza di condanna della PM Rota è piena di altri errori, scrive che sono stato coinvolto in un'indagine relativa alle auto dalla procura di Sondrio, ma non scrive che il procedimento era pendente ed inoltre è stato archiviato nel 2019. Era pieno di falsi come le intercettazioni alterate e scrive anche delle mie dichiarazioni sul fatto che io sia stato truffato da [Alberto], ma che non ho portato prove a supporto di quanto dichiarato. L'avv. Riva ha tutto, comunque la denuncia l'ho sporta a Bergamo, ed anche il fascicolo è lì, la PM Rota non è nemmeno capace di far trovare un fascicolo all'interno della procura dove lavora? Oppure non posso escludere che anche solo per questioni carrieristiche il PM Dott.ssa Maria Cristina Rota abbia partecipato al sodalizio dei miei nemici? Appare una frode processuale ed un'induzione in falso del giudice.

Invierò una prima istanza di incidente esecuzione, ma resterà senza risposta, continuerò fino ad inviare un'istanza di rescissione del giudicato alla corte d'appello di Brescia nel duemila-ventiquattro. Non mi fido per ora ad inviare istanza al giudice di primo grado, secondo me la nasconderebbero, la terrò come ultima carta da giocare.

Decido, quindi, di analizzare il fascicolo del furto subito a Cologno Monzese, fattomi da Bonazza & C. (c.f.:

BNZFNC39M14I904P). I complici di Bonazza sono Stuani Roberto e Sergio Bonora, clienti dell'avv. Gino, che ha lo studio all'interno dell'ufficio del Fiaccabrino. Quello che non mi quadra non è solo l'ostruzionismo della caserma di Cologno Monzese e l'archiviazione della Procura di Monza senza aver condotto alcuna attività di indagine. Si sono limitati a ricordare il contenuto dell'articolo 408 c.p.p.: Richiesta di archiviazione per infondatezza della notizia di reato; Insomma, quando chi indaga si volta dall'altra parte e fa finta di non vedere ciò che è palese e provato. Inoltre, non mi è stato notificato il decreto di archiviazione e non capisco in qual luogo abbiano fatto la notifica, forse al vecchio indirizzo. Sicuramente il Maresciallo Rani di Cologno Monzese è coinvolto, questo desumo per come si è comportato con me, il PM è il dott. Santini Marco Giovanni, un giovane PM arrivato da poco a Monza, mentre il GIP è la dott.ssa Susanna Lomazzi che è stata indagata nello scandalo Palamara.

Penso al primo tentativo di furto, e ripercorro i passaggi: Ho spiegato la situazione all'avv. di Maro detto Gino, gli ho mandato una mail il 27/07/2018, quel giorno stava prendendo un aereo per Napoli, nella mail vi era un breve resoconto sul: "problema bergamo"; poco dopo il Fiaccabrino tenta di impedirmi l'accesso al suo ufficio per impedirmi il recupero dei miei computer. Un anno dopo subisco due furti simultanei, uno è archiviato ed uno è lì fermo, non ho informazioni; l'avv. Salati è magistrato onorario a

Monza, Maiorano è amico e collaboratore della squadra di Salati e di Fiaccabrino. Devo unire le cose in modo incontestabile ed a prova di cretino, nel frattempo devo anche fare delle integrazioni per il furto fattomi da Salati, Miorin e compari. Incomincio a dedurre che i furti sono compiuti da elementi contigui al Fiaccabrino.

III

L'UOMO DI ZIO TOTÒ

*Ci sono menti raffinatissime che
dirigono la mafia dall'esterno
(Giovanni Falcone)*

Primavera duemilaventi squilla il
telefono, è Pietro P.

Pietro «Ciao Marcuccio come stai?»

M «Bene, al solito, tu?»

Pietro «Ti voglio presentare una
persona, ti può essere utile per le tue
ricerche che stai facendo»

M «Ok, la chiamiamo o la vediamo di
persona?»

Pietro «No, Marcuccio, non al telefono,
ci vediamo di persona, vieni con il
pieno che dobbiamo fare un po' di

strada», mi dice di andare da lui la settimana successiva.

È il giorno dell'incontro, arrivo a casa di Pietro che vive a Merlino, un paese in provincia di Lodi confinante con la provincia milanese.

M «Pronto, Pietro, sono arrivato, scendi?»

Pietro «Scendo Marcuccio»

M «Ciao Pietro, tutto ok?» è appena entrato in auto.

Pietro «Di chi è quest'auto?»

M «Di Magistro»

Pietro «Ah, te l'ha prestata, come mai?»

M «Mi deve dei soldi, ha continuato a pressarmi per dei prestiti, in cambio mi dava informazioni sui miei computer rubati, ma alla fine non ha fatto nulla».

Pietro «Come sempre, a me voleva che lasciavo il mio avvocato, Tosi, per mettermi nelle mani dei suoi avvocati (studio salati-di Domenico di Bollate), ma li ho mandati a quel paese»

M «Sono loro che mi hanno rubato i computer»

Pietro «Ecco appunto e poi loro non hanno fatto un cazzo, tu mi hai tolto il video da internet ed ho trovato lavoro»

M «Non l'hanno tolto, l'hanno bloccato in Italia»

Pietro «Non si vede più, ho provato»

M «Sí, in Italia non si vede»

Pietro «Sì, è quello che mi interessa, ti dico l'indirizzo»

M «Sí, ok, lo metto nel navigatore».

Quando vedo che la destinazione è la provincia di bergamo provo fastidio, ma dato che posso avere informazioni utili cerco di contenermi e essere positivo.

M «Sai che sei ancora su Wikipedia, come uomo di Riina, comunque non ci ho mai creduto alla storia che ha fatto saltare lui il giudice Falcone, come disse Beppe Grillo in uno dei video che trovi in internet: "Ma voi ce lo vedete totò u curtu e di Paola u licantrupu con i meccanismi elettronici che fanno saltare Falcone?"»

Pietro «Lascia perdere Marcuccio, non parlare, che tu non sai, tu non c'eri, zio Totò era un sanguinario, ma un sanguinario, ma un sanguinario, un sanguinario che non ne hai idea»

M «Vuoi farmi credere che sia stato lui a mettere l'esplosivo? E l'altro? quello che ha fumato cento sigarette? lo ha fatto perché si è cagato addosso quando ha visto cento chili di esplosivo tutti assieme»

Pietro «No, sí, sí, poi lí c'erano altre cose, ma non parliamo, dai andiamo che ci aspettano», solo in uno stato scellerato e rovinoso come l'Italia può accadere che una persona vada con uno ritenuto uno dei killer di Salvatore Riina detto Totó a raccogliere informazioni su un sistema di corrotti in divisa e toga e chissà chi o cos'altro non ho ancora scoperto»

Arriviamo a destinazione, sul lago, ho seguito il navigatore senza sapere di preciso dove sono, solo che è provincia di bergamo. Pietro mi presenta Jerry, detto lo Zio, un signore Biondo, capello lungo con sorriso sgargiante, mi ricorda il sorriso di Ager, mi invita ad un ristorante a poche centinaia di metri dal luogo dell'incontro sito sulla riva del lago.

Mentre siamo al tavolo entrano nel ristorante due ragazzi under quaranta, salutano Jerry e si uniscono a noi, non mi dicono i loro nomi, per me sono Tizio e Caio, parliamo un po' del menu del ristorante e del meteo, poi dirigo la conversazione dove mi interessa.

M «Sapete qualcosa sul Porcaro? Il Maresciallo di città alta?»

Caio «Ah, il porky, [omissis] (è conosciuto di fama)»

M «In che senso, lo conosci?»

Caio «Una volta qui in zona si è messo a rincorrere dei tipi con la pistola in mano»

M «Con la pistola in mano? Qui dove siamo, sul lago d'Iseo? come si chiama il paese»

Jerry «No, siamo a Monasterolo, sul lago d'Endine»

Caio «Sì, ma sei dietro a fare» (lo dice in dialetto, come per dire, ma cosa gli passava per la testa, con la pistola in mano)»

M «Mi serve una info»

Caio «Dimmi, ma tu che cosa hai con lui?»

Marco «Gli ho denunciato una sua amica escort»

Caio «Beh, lui è famoso per quelle, lo conoscono tutti»

Marco «Sì, lo so, lo sanno tutti, ma è vero che Gambirasio, quello che si è sparato in testa, era suo grande amico?»

Caio «Sí, sì, ma poi aveva in piedi storie…»

Marco «Tutti lo definiscono: "il brutto personaggio", inoltre, uno che conosco, detto "il rosso"; un ultras di casazza (bg) che è stato fotografato mentre lanciava una molotov contro un furgone della polizia, mi ha detto che andava da lui a comprare le panette di fumo che poi si divideva con gli amici»

Caio «Sì, è possibilissimo (il suo amico accanto annuisce), comunque, lui ha avuto sette indagini, no, come si dice, sette imputazioni, no, nove, dicono anche undici, di cui sette è stato assolto per prescrizione, comunque la maggior parte legate a reati di stupefacenti»

Marco «Ok, ecco da chi ha imparato il [Porky]; tutti mi dicevano che al bar prima della piazza della caserma in città alta il titolare spaccia, io dubitavo, ma poi col fatto che gli teneva lì la escort col permesso di soggiorno falso e la sorella clandestina ho iniziato a farmi delle domande, poi dicono che anche il maresciallo faccia uso di coca, è vero?»

Caio «Ma chi non ne fa uso?!, non siamo più negli anni venti»

M «Io non ne faccio uso»

Caio «Tu no? nulla, nemmeno una cannetta?»

Pietro «No, lui è così, non fa uso di niente»

Jerry «Ma almeno la grappa la bevi?»

M «Sí, quella, sí, anche il vino ed i cocktail, la birra invece no»

Jerry «Allora oggi vai a casa con la ciocca (ubriaco)»

M «No dai, non posso, se mi fermano mi ritirano la patente e mi serve»

Jerry, rivolgendosi a Pietro «Ah, è un preciso»

Pietro «Ah sì, lui sì» riferito a me

M «Comunque mi serviva una risposta sicura se ne fa uso o meno» riferito al maresciallo

Caio «Eh, su quello non ti so dire»

Marco «Quindi, la cosa inizia ad avere sempre più senso; quindi, Gambirasio aveva avuto nove imputazioni prescritte»

Caio «No, sette prescritte due le aveva ancora, ma mi pare anche di più»

M «Ok, due le aveva ancora, ma poi si è sparato in testa»

Caio «…se si è sparato lui»

M «Boh, non ha importanza, comunque ha fatto quella fine perché non era maresciallo anche lui altrimenti sarebbe ancora vivo a fare quello che faceva».

Caio «Eh, sì, sí, possibile»

M «Voi lo sapete che la moglie, no, la compagna del maresciallo, quella con cui ha avuto la figlia nel duemilasei, o duemila-sette, molti anni fa, nel novanta più o meno, ha investito un bambino e poi il maresciallo ha minacciato i genitori di questo di non denunciare altrimenti gli faceva chiudere il ristorante, no, la trattoria che hanno?»

Caio «Ma, lo ha ammazzato?»

M «No, è finito in ospedale con entrambe le gambe rotte, ma si è salvato, l'assicurazione ha pagato, ma non hanno potuto denunciarla»

Caio «Non sapevo nemmeno che avesse una figlia, so che uno dei figli è sempre nei guai?»

M «In che senso? ma quale? quello che lavora al bar Tasso?»

Caio «Non so quale, ma uno dei due, se non fosse che il padre è il maresciallo, lo avrebbero già arrestato da un pezzo, chiamano sempre il padre, combina sempre casini»

M «Non lo sapevo»

Continuiamo il pranzo, dopo circa un'ora ci alziamo, offrono loro, diamo un passaggio a Jerry ad un indirizzo da lui fornito nel paese poi ritorniamo in direzione Merlino (Lodi).

Mentre guido sulla strada del ritorno ringrazio Pietro per le preziose informazioni,

M «Pietro, grazie per oggi, le info mi saranno utili»

Pietro «Figurati Marcuccio, se posso»

M «Ovviamente» sorrido «Io avrei preferito un rapporto scritto, ma ho capito che non era possibile»

Pietro ride «No Marcuccio, non usiamo quelle cose»

Durante il tragitto mi racconta che lui e Jerry sono stati in cella insieme nel carcere di bergamo, Jerry ha due figli che adesso sono in cella e per questo soffre molto. Non so che dire, mi appare palese che uno soffra se ha due figli in cella. Circa un'ora dopo lascio Pietro a casa e mi dirigo verso un'altra destinazione.

IV

CONVERSAZIONI CON NISIO

Dà la libertà all'uomo debole, ed egli si legherà con le sue stesse mani e te la riporterà. Per uno spirito debole la libertà non ha senso
(Fëdor Dostoevskij)

2020-11-10_21.43.35-[Nisio]_part1.mp3.txt
Mi chiama Nisio per sapere come sto, gli dico che suo fratello Piso mi ha fatto avere tremila euro di multe che ora sono cartelle esattoriali perché ha denunciato calunniosamente che non gli ho pagato il furgone. Inoltre, non sono mai stato chiamato per la denuncia fattami da Piso, complice con lui è Jerry una ex guardia giurata che si è presentata per testimoniare il falso

contro Nisio in tribunale. Voglio proprio vedere se mi chiameranno in tribunale per la denuncia fatta dal Piso, il pusher che denuncia perché non riesce ad estorcere. Probabilmente, come penso, la insabbieranno e sarà un altro punto a mio vantaggio, dimostrerà una collusione con le divise rosse. Nisio esordisce con una frase che mi fa innervosire.

Nisio «Marco, loro ti hanno rovinato finanziariamente, perché non hai ritirato la denuncia (intende quella contro Frida), potevi ritirarla, eh»

[M 00:00] «Puoi anche registrarmi, rispecchi, il modello di pensiero bergamasco»

[Nisio 00:03] «È il modello in cui ho rispetto e mi stai dicendo delle cose brutte comunque?»

[M 00:07] «Eh sì. Ti sto dicendo delle cose brutte. Il modello di pensiero bergamasco è quello che ha favorito casi di merda, come i ventuno carabinieri indagati, il record nazionale eccetera. Nel senso che io non sto dicendo... tu con tua nonna non hai il minimo torto. Però intendo dire che sei entrato nella mentalità tipica bergamasca. Cioè, dove tutti... non sei dei peggiori. Eh, perché dei peggiori è quello che ti ho detto, che mi è venuto a dire (rif. A Bonny), "Ah, io la vendo per il boss!", che sarebbe tuo fratello. Però intendo dire che sei entrato in questa mentalità brutta, in cui l'omertà è favorita e pensi che i carabinieri anziché fargli causa bisogna chiedergli scusa».

Evidentemente ritiene, al pari di molti che, quando si subisce un abuso da un corrotto bisogna essere sottomesso.

[Nisio 00:44] «Forse, forse, io sono, io mi sono ritrovato dentro?»

[M 00:48] «Diciamo che ti sei anche ritrovato dentro, perché tu ti sei, ti spiego, scientificamente, è provato...»

[Nisio 00:54] «No, io il Porcaro non lo sono andato a cercare, l'è andato a cercare mia nonna, no?»

[M 00:59] «No, ma quel che intendo...mentre questo; allora, adesso ti spiego una cosa, se vuoi puoi anche registrarmi perché l'ho sentita più volte, mi ha fatto vomitare»

[Nisio 01:08] «No, non ho più registrato nessuno, non mi interessa»

[M 01:10] «Voglio dire, se tuo fratello… tuo fratello più volte ha detto tua nonna: "tu devi chiamare il porcaro"»

[Nisio 01:21] «Infatti lei l'ha fatto»

[M 01:24] «Sì, però volevo dire, cioè, mah, cioè, un delinquente che dice a una donna di novant'anni di chiamare un altro delinquente»

[Nisio 01:25] «Ma tu non sai le ultime»

[M 01:27] «Mah, non so le ultime?»

[Nisio 01:28] «Che ho saputo dieci giorni fa…»

[M 01:30] «L'hanno arrestato?»

[Nisio 01:35] «No, no, no, no, no. No, no, assolutamente. Ma di che cosa ha detto a gente, che comunque ha frequentato casa, stile… come hai fatto tu, nel senso che aveva bisogno di trovare un, un, un, posto. Lui le ha… ma te, ma gli ha detto di quelle cose…

Marco… che è fuori di melone fuori di…»

[M 01:57] «Io beh, ma te l'ho detto, il Bonny con la casa in città alta. Tu sai che cosa ha? Mi ha combinato a me il Bonny, più volte»

[Nisio 02:03] «Ma sì»

[M 02:04] «Cioè, io gli ho…(gli) davo passaggi, e lui…»

[Nisio 02:06] «Robe veramente che io, guarda, sai che cosa? Che, quando tu senti tutte queste cose qui, no? Alla fine, sostanzialmente, stringi, stringi; Stringi, stringi, che cosa puoi dire a uno come [Piso]? Non gli puoi dire nulla, tranne che è un pazzo»

[M 02:26] «Ma no… che lo infilino un po' in galera, che, che così sta con quelle persone come lui»

[Nisio 02:31] «Ma non ci va in galera uno così, lo sai?»

[M 02:33] «Come non ci va in galera uno così, dai?»

[Nisio 02:36] «Ci va sai…, mamma mia, ci va dentr… ma; …Guarda, io non ho parole, ma anche perché ho saputo che ha dato casa, OK? È andato via, ha dato casa [omissis], l'ha consegnata a un ragazzo per cinque giorni»

[M 03:02] «Eh be, a me l'ha consegnata per un mese…»

[Nisio 03:06] «Ma ti rendi conto che questo qua se ne va via e lascia la villa a uno?»

[M 03:11] «Eh beh, con me l'ha fatto, con me, allora cosa vuol dire?»

[Nisio 03:14] «Ma c'era la nonna, adesso è da solo»

[M 03:17] «Eh, beh, se c'era la nonna, la nonna»

[Nisio 03:18] «Quella attenzione, attenzione, non è l'unico proprietario, Eh?»

[M 03:26] «Sì, ma [Nisio], con tutto il rispetto adesso, adesso…»

[Nisio 03:31] «No, no, per me è una cosa fuori di testa Marco, scusami tanto»

[M 03:33] «Secondo me, tu, stai un po' esagerando, cioè, è come se tu mi dicessi: "Marco vado via cinque giorni, occupati tu della villa, non c'è nessuno, che cazzo c'è?", Mi occupo dei fantasmi della villa?»

[Nisio 03:43] «Chiudi tutto e te ne vai, è casa tua, chiudi e vai, no?»

[M 03:48] «Sì, ma sarà magari rimasta comunque chiusa. Ma ha detto, c'è qualcuno, se viene qualcuno a cercare a chiede (chiedere per il B&B) … non»

[Nisio 03:53] «Ma sai perché, ma perché c'erano le piante giù in fondo»

[M 03:58] «Ahhh, siamo passati alle piante?»

[Nisio 04:01] «Mah, io guarda eeh… aspetta un attimo, e, il tipo, si è accorto che una notte... E ti parlo di… di… estate. Estate, fine agosto, inizio settembre. Ha visto delle persone con delle torce arrivare? Boh, da non so dove, comunque nel giardino. E lui è uscito col machete. Il… la persona che era lì. In casa. Cioè, ti rendi conto che…»

[M 04:37] «Che livello»

[Nisio 04:39] «Le Persone sono andate lì a vedere le piante di notte, ma io, io, io, guarda, io non, non, voglio neanche pensare che cosa cazzo abbiamo portato via questi, lì, portano via tutto quanto. Piano piano portan via tutto»

[M 04:50] «Sì, ma… ascolta [Nisio], la questione è questa, la questione che. C'è uno che fa certe cose non può farle in una casa, cioè le vuoi fare?»

[Nisio 05:03] «Un'altra cosa importante è che per capire la non(na), io ci capisco, no, già so cosa tu mi vuoi dire, ma andiamo oltre. Ha discusso con questa persona, con questa persona al quale gli ha dato le chiavi e si è lasciato scappare perché me l'ha detta lui a me, fa "quando io ho sentito dire questa cosa qua o gli metto le mani addosso", ed è abbastanza, lo scassa [Piso], tanto per dire, è tipo té più grosso, ancora più incazzato. Gli ha detto "[Piso] ma tu non sai con chi ha a che fare, io sono un mezzo delinquente"»

[M 05:50] «Queste sono le frasi, come il…»

[Nisio 05:53] «Del [Piso], del [Piso] del [Piso]»

[M 05:55] «No, le frasi del Bonny: "Ah, io... siamo i bracci destri del boss" - "chi sarebbe il boss?" — "il boss" — "Il [Piso]" — no, ma vai qui un po' (si riferisce al fatto che il Bonny andava in giro a dire che era il braccio destro del Boss, il Boss era il Piso per Bonny)

[Nisio 06:05] «Ma vai in culo che c'hai di fronte, dio santo, il Porcaro che appena sbagli dentro, viene lì dentro (casa) e ti trancia, non hai, capito il Porcaro?» Nisio sta difendendo l'indifendibile solo per non prendere posizione a fronte della critica che gli ho fatto in questa chiamata e più volte.

[M 06:13] «Sì, peccato è tuo fratello, con dieci chili non lo arresterebbe, non gli conviene arrestarlo. Perché tuo fratello abita in città (alta), e, come tutte le persone di città alta, non si fa mai i cazzi suoi»

[Nisio 06:25] «È una cosa che mi ha sempre chiesto a me, lo sai?»

[M 1 06:29] «Sí, te l'ha chiesta, ma te l'ha chiesta anche per salvarsi – ?»

[Nisio 2 06:32] «Mi ha detto: "Se tu lo sai, dimmelo che vado"»

[M 06:36] «Sì, e io ti ridico, quella è tutta scena»

[Nisio 2 06:38] «Non penso, Eh?»

[M 06:41] «Non può; Allora tuo fratello non è un criminale matricolato, non…»

[Nisio 06:44] «Sai cosa ti dico. Cosa farebbe il Porcaro? Andrebbe là, gliela prenderebbe, gli farebbe… Lo farebbe cagare addosso, gli darebbe un quarto della pena che dovrebbe dargli, però qualcosa gli fa. Non lo farebbe uscire sui giornali, non lo farebbe. Lo, lo, accheta comunque. Capito perché è

Stufo? Il Porcaro, Eh sa tutto, sa, sa tutto da, da, mio, lo, lo, rispetta perché conosce mio papà; il Porcaro»

[M 07:13] «Te lo spiego proprio chiaramente. Allora io abitavo con uno che coltivava la marijuana ma... che non la potevi fumare, ok? La potevi solo usare per farci le ricette di cucina, ok?»

[Nisio 07: 29] «Ok, sí»

[M 07:30] «Ora è palese che, se tu sei un fumatore esperto, sai benissimo che... Se stai coltivando una —»

[Nisio 07:35] «Non puoi coltivare, cioè...»

[Speaker 2 07:35] «Sì, lo so, Ma ti parlo di anni e anni fa, ok, il Porcaro è arrivato in casa —»

[Nisio 07:42] «Il Bonny che poi dopo gli sono andati dentro?», pensa mi riferisca al Bonny.

[M 1 07:45] «No, macché il Bonny, macché, no, questo è un mio coinquilino. Via borgo canale quindici»

[Nisio 00:50] «ah, ok, ok» ride

[M 00:52] «Che lui s'accorgesse, lui, lui la coltivava, ma la coltivava fuori. Cioè, non l'ha raccontato neanche al condominio. Aveva messo tipo due piante in trenta metri quadri di giardino condominiale»

[Nisio 08:03] «Ah, beh, due piante, allora non gli fanno nulla, non gli fanno nulla»

[M 08:05] «E invece è finito sui giornali. No, finito sui giornali: "Faceva le feste per indurre i ragazzi a drogarsi", minchiate su minchiate. Di tutti i colori ne han dette, erano proprio cattivi. Perché? Perché Porcaro sapeva che questo qui di lui si cagava addosso e non gli avrebbe fatto …avanti. Però infatti io gli ho detto, "scusa, adesso che t'hanno assolto con formula piena perché il fatto non sussiste, fargli causa al maresciallo?" — (il mio ex coinquilino mi rispose) «No, no, no, no, il maresciallo, meglio lasciarlo stare. Dammi retta che io è una vita che frequento città alta, lascia stare, lascia stare»

[Nisio 08:38] «Ma sai che cosa? Quando tu parli con un maresciallo, il Maresciallo ti può veramente rovinare la vita, eh? Cioè, **vedi tu**»

[M 08:46] «Sì, vedi me!»

[Nisio 08:47] «Aspetta, nel senso che a me dispiace per te, Eh? Cosa credi che sia contento, no? Cosa? Ti dirò di più»

[M 08:57] «Dimmi, Dimmi, Dimmi tu»

[Nisio 09:00] «Anzi, secondo te non lo sa? Non ha visto le carte? il maresciallo l'ha vista, le ha viste. Sa benissimo che ti porto con me. A testimoniare, Eh?» (riferito al procedimento in cui la nonna ha dovuto denunciare falsi maltrattamenti da Nisio come pianificato da Piso, il maresciallo Porcaro è tra i testimoni contro Nisio citato dalla nonna ed è informato che ci sono anch'io)

[M 09:11] «Ma, soprattutto, sa benissimo che lui (il maresciallo) ha fatto un sacco di cazzate illecite»

[Nisio 09:13] «Ma queste sono cose tue… col discorso mio, se io ti porto con me e, e, testimoni, a processo. Difatti lui cosa ha detto nel processo? Te lo dico proprio chiaramente»

[M 09:34] «Sí, "questi due ragazzi non sono mai andati d'accordo"». (Il maresciallo si è presentato in divisa pieno di medaglie in tribunale e dimostra come una scheda di servizio e delle medaglie possano essere date a chi più delinque, protetto da una magistratura compiacente)

[Nisio 09:36] «No, però ha detto: "[Piso], [Nisio] litigavano per le feste" Sostanzialmente ha detto così, Eh?»

[M 09:42] «Invece io ho, ho avuto una — »

[Nisio 09:47] «Feste, feste, feste e… le diatribe erano le feste, basta. Ciao arrivederci. Sapeva moonlto di più, poteva dire di tutto e di più, "le feste" però ha detto. E prima, ancor prima di andare a testimoniare, ha parlato con mio, con il mio babbo in una stanza del tribunale. E sai cosa gli ha detto? Gli ha, Gli ha detto con testuali parole: "-Donatello che la smettesse di fare quello che fa. Che la smettesse di fare quello che fa- "»

[M 10:19] «Cioè, di fare concorrenza ai suoi amici» intendo concorrenza agli altri spacciatori; la cosa che mi piace delle conversazioni con Nisio è che lui a tutela della sua incolumità personale racconta frottole sull'onestà del maresciallo, spacciandole spesso per sue supposizioni, poi smentisce raccontando i fatti che questo compie.

[Nisio 10:22] «No, lascia stare, lascia, non andare a vederci, cioè vedici del bene in quelle... nelle parole che ha detto a mio padre, io capisco la tua, la tua, la tua posizione. Il maresciallo ha detto a mio padre che lo conosce da, da, da, da anni orsono. Gli ha detto: "Che la smettesse di fare quello che fa", cioè, è stato chiaro. Poi, dopodiché, sai no, tra incudine e martello. E lui dice, vabbè, io non ci voglio centrare, so tutto, ma mi svincolo. Fatto. L'ha fatto perché? Perché conosceva mia mamma, perché conosceva mia nonna, perché mia nonna era carissima amica e frequentatrice di suo genero, eccetera, eccetera eccetera. Suo genero è sempre venuto da noi, ha sempre preso da... dagli animali nostri. E allora cosa fai, fai? Chiudi un occhio, chiudi un occhio e lui lo fa, lo sta facendo. E poi, oltretutto. Porcaro è di Lucca, mio padre è di Luca eccetera, eccetera, eccetera, dice: "Non lo voglio rovinare". Perché ci metterebbe un nanosecondo, un nanosecondo quando mia nonna lo chiamò. Mia nonna chiamò Porcaro. In un giorno, in un giorno dove Porcaro, no, lo chiamò a casa, eh, e tu non c'eri. Lo chiamò a casa e gli disse, "Venga qua perché il mio, mio, mio [Nisio] sta facendo il diavolo a quattro, no", arrivò con la Vespa, casual»

[M 12:07] «Ma me l'avevi raccontato che ero via, che t'ha detto piantato(si) in camera: "allora che succede, va?"»

[--- più avanti nella conversazione ---]

[M 22:49] «Ma tu sai che c'è? Chi è stato il grande maestro di vita, mentore, amico di Porcaro? Il Carabiniere Gambirasio»

[Nisio 23:01] «Eh, quello che io tutte queste cose qua non le so, scusa»

[M 23:03] «E sai che il carabiniere Gambirasio ha avuto undici imputazioni, di cui nove assolto per prescrizione?» (forse nove di cui sette assolto per prescrizione).

[Nisio 23:15] «Qua però sono altre cose. Qua non si tratta di arma, non si tratta di divisa, qua si tratta»

[M 23:20] «Si tratta che tuo fratello fa quello che faceva il suo maestro di vita» (inteso maestro di vita del [Porky])

[Nisio 23:26] «La paga [Piso], perché [Piso] non è un carabiniere, [Piso] non ha i (gradi)…, non è più coperto dalla nonna ricordatelo»

[M 23:34] «Sì, quello soprattutto»

[Nisio 23:37] «E credimi che la gente poi dopo si stufa. Ha fatto altre feste, lo sapevi?»

[M 23:45] «Sì, ma come ha fatto altre feste se non può farle, come ha fatto altre… É a secco con i soldi?»

[M 23:50] «Ma le ha fatte, aspetta, aspetta di quindici persone, ma… di recente eh?»

[M 23:58] «Vabbè, quindici persone, va»

[Nisio 24:01] «Ma le ha fatte? Aspetta, aspetta. Tra queste due feste una festa era di ragazzetti, no? I quali erano conciati così male. Che un tipo ha preso la macchina, ma proprio era fuori testa Eh? E ha sbragato (lacerato) la macchina, tipo ha fatto un disastro, che non te lo dico. Tale per cui questo disastro è venuto. Ed è venuto a saperlo l'avvocato di mio zio»

La conversazione continua su fatti generici, racconto poi che [Piso] per vendicarsi del fatto che non ho testimoniato il falso contro il fratello [Nisio] e non ho accettato l'estorsione di circa mille euro e quindi mi ha denunciato calunniosamente dicendo che non gli ho pagato il furgone. Presumo in accordo con dei corrotti.

[M 01:21:33] «Sì. Perché pensavo, non vorrei che tuo fratello, non sapendo che cosa ha dichiarato. Per la questione del furgone ho detto non vorrei che io ho»

[Nisio 01:21:44] «Dichiarare niente del furgone perché sennò sai che cosa piscia… un furgone del vasino la stessa cosa?»

[M 01:21:49] «No, aspetta, Fammi finire di parlare. Per favore, intendo dire che… La cosa a parte del furgone, non relativa a questo di tua nonna. Intendo dire che magari lui mi ha fatto una denuncia per, cazzo ne so, furto o appropriazione indebita, dicendo che non gliel'ho pagato. Invece non c'è nessuna cosa pendente a mio carico»

Avevo inviato a [Piso] una mail con cui lo esortavo a non chiedermi più soldi per un vecchio furgone già pagatogli. Deve ammortizzare i soldi perduti a seguito dell'arresto dei suoi accoliti spacciatori. Inoltre, la Procura potrebbe aver archiviato la sua denuncia per evitare che instaurandosi un procedimento penale, emerga il suo spaccio di droga. Temo comunque false dichiarazioni di irreperibilità per condannarmi.

[Nisio] «Ma fregatene»
[M 01:22:01] «Eh no, non: "fregatene". Ti spiego, non me ne posso fregare. Ti spiego anche perché, perché… siccome a bergamo dichiarano me irreperibile, se continuano così, magari tuo fratello, mi ha fatto una denuncia per furto, e,

loro mi processano. Io non ci sono e mi condannano»

[Nisio 01:22:30] «Nomina il domicilio (presso un) legale»

[M 01:22:34] «Sì, ma infatti sì. Però se non mi hanno notificato un cazzo, come, come, come?»

Sento Nisio più avanti, gli chiedo se mi può dare informazioni su un pusher chiamato Dori. 2020-09-23_03.57.12-[Nisio].mp3[Dori].txt

[M 04:04] «È inutile che lui dice. No, ma. Lo vuole sapere? A lui non gliene frega un cazzo, perché quelli che gli fanno comodo a lui, si devono (rectius, possono) spacciare. Gli va bene che spaccino; Anzi, so che c'è anche uno spacciatore, che spaccia sia a bergamo bassa che a bergamo alta. OK, sì. Dori si fa chiamare di nome, non so il viso...»

[Nisio 04:30] «Dori, dori, dori, certo»

[M 04:33] «Ma sai chi è? Ecco grazie, dimmi nome e cognome»

[Nisio 04:35] «Albanese?»

[M 1 04:39] «Non lo so, no, no. Il Dori è un italiano, è un soprannome, sí, sarà vent'anni che spaccia, trent'anni»

[Nisio 04:49] «*Untouchable*. Io ti posso dire una cosa, le persone di città alta sono *untouchable*. Ma non vedi anche [Piso]?! [Piso] è *untouchable* tra virgolette, perché di città alta ha la nonna, di città alta capisci? È un proprietario di villa, ha sempre fatto i cazzi di città alta, non so come; ha sempre dato; ha sempre fatto gli interessi delle famiglie di città alta. Ma che cazzo vuoi andare lì a dirgli di... Eh sì, droga, e che cazzo hai capito com'è? Come sta facendo? È così eh. Privilegiato, siamo privilegiati. Che tu poi dopo me ne venga dire… o che non ti garba… o che non ti che non ti stia bene. Va bene. OK, perfetto. Stiamo a parlarne anche sino a dopodomani, no?»

[M 05:50] «Mah, ricordo chiaro, allora, per legge c'è l'obbligo della persecuzione del reato, soprattutto alcuni reati, quindi è inutile che questi qui vengano a rompere i coglioni e a dire: "no, no, guarda che non…, non l'ho…, non lo sapevo, non lo so". Ha lasciato correre, lui non può lasciare correre, va bene, OK? Cioè, non deve rompere il cazzo, va bene»

[Nisio 06:27] «Mio fratello?»

[M 06:28] «No, il porcazzo» (uno dei soprannomi)

[Nisio 06:30] «Il porcazzo non rompe troppo il cazzo, non rompe troppo il cazzo; nei miei confronti, poi dopo non so se, non sono i tuoi»

[M 06:39] «Vabbè, comunque, e allora? Quel che ti posso dire é che lui non può dire, "non ho visto", la verità, la verità è che lui non vuole arrestarlo perché comunque conosce il cognato, si fa i cazzi suoi, fa finta, fa finta, fa finta?»

[Nisio 06:53] «Tu parli di mio fratello?»

[M 06:55] «Sì, esatto»

[Nisio 06:57] «Ah beh, non lo sarà mai, cioè no, non hai capito. Cioè, quando lo …becch— (beccherà) che era in fragrante, in fragranza o di reato»

[M 07:06] «Si volta dall'altra parte»

[Nisio 07:09] «Farà in modo tale da non averlo fatto sì chiaro, quello sì, quello, quello, sì…purtroppo è così»

Continuiamo la conversazione parlando di fatti di vita quotidiana non inerenti reati. Quello che mi racconta Nisio è quello che pensano tutti in città alta ed a bergamo in genere, e cioè di essere sopra la legge, soprattutto se originari della collina, e, se ammanicati con i corrotti»

Passa un po' di tempo, sto facendo una chiacchierata al telefono con Nisio, è il 02/11/2021, mi racconta una vicenda in cui entrambi erano nella caserma di città alta davanti al maresciallo; Piso tenta di umiliarlo dandogli del gay, o inventandosi che frequenta transessuali. Pensa che queste diffamazioni possano manipolarlo; Semplicemente Piso vuole che Nisio non si lamenti del via vai di gente dovuto allo spaccio e Nisio perde la pazienza. Nisio mi racconta che in caserma a voce alta ha replicato al comportamento del fratello sputtanandolo e dicendo: «Ma piantala che a casa hai un chilo e mezzo d'erba da consegnare ad un ragazzo» il maresciallo come volevasi dimostrare li caccia dalla caserma e non prende provvedimenti. Il ministero di grazia e giustizia ha la registrazione tagliata della parte iniziale dove vi è il nome di un VIP. Nisio sapeva bene che il maresciallo non avrebbe preso provvedimenti, da oltre vent'anni si volta dalla parte opposta o protegge chi gli fa comodo.

Chiunque pensi che i magistrati non sappiano e tacciano è uno che fa parte del club delle due C: corrotti e/o cretini. Grazie ai marescialli possono mettersi in mostra, sono questi che fanno le indagini richieste, portano loro il materiale per lavorare, cioè vittime che devono essere esposte alla gogna per la gloria delle toghe e delle divise rosse, bestie da reddito come quelle dietro le sbarre di un circo, quindi, perché andare contro un maresciallo se questo è a tutti gli effetti un mafioso? Va bene così, fintanto che sono screditati, quanti, testimoni, vogliono rendere onore alla giustizia. Una divisa che esercita un potere mafioso può avere un'utilità e potrebbe essere utile per qualche favore personale di cui una toga necessita.

V

ALFREDO, IL RITORNO

Il servilismo è la maschera del
tradimento.
(Francesco Orestano,
Pensieri, 1943)

È il 10/07/2020, mi arriva un messaggio WhatsApp, Alfredo è in Oman per lavoro.

[Alfredo] «Ciao, sei vivo?»

M «Se fossi morto, lo sapresti dal maresciallo corrotto»

[Alfredo] «Non so neanche chi sia il corrotto»

M «Sai bene chi è»

[Alfredo] «Stai lavorando?»

M «Sì»

[Alfredo] «A libri?» intende un lavoro con busta paga da dipendente.

La domanda appare con un secondo fine e Alfredo sa bene che non lavoro come dipendente, ma come autonomo. Presumo di aver capito il perché della domanda: A libri? se avessi una busta paga, sarebbe più facile rintracciarmi per arrecarmi un ingiusto danno e disturbo con la complicità delle divise rosse.

M «P.IVA»

[Alfredo] «L'importante è lavorare»

Il discorso prosegue in modo frivolo, ad un certo punto con finalità provocatorie scrivo:

M «Attento che non ti arrestino in Oman, spacciando i prodotti della Exipharma per panacee».

Alfredo invia un emoji rappresentante la faccia di un maiale con dei cuori al posto degli occhi.

M «Sì, in Oman arrestano anche i maiali che fanno gli occhi dolci», Alfredo cessa la conversazione, presumo abbia capito che con la frase «Attento che non ti arrestino in Oman…», mi riferisco al fatto che in Oman non ha la protezione del Maresciallo, e, nel caso qualcuno si presentasse come dott. [Alfredo], potrebbe configurarsi ipotesi di reato di abuso della professione medica, nel momento in cui propone farmaci ed integratori in assenza di una laurea in medicina, farmacia o in materie scientifiche, ma con un semplice titolo in materie umanistiche. Se nella città dei mille Alfredo è protetto, altrove potrebbe essere arrestato. Credo che Alfredo sappia che io sono perfettamente a conoscenza del modo in cui ci si vende alle divise sporche nella città dei mille, un metodo che ricorda quello trovato allarmante dalla magistratura pugliese nel duemiladiciotto, quando emerse che in alcune zone della Puglia ad alta densità mafiosa, gli utenti si recavano dal mafioso di turno a chiedere, se e quanto si dovesse ogni mese pagare il pizzo per scansare problemi. Nella città dei mille sono evidenti analoghe modalità, l'atto di sottomissione alla divisa sporca si fa in diversi modi per mostrare il proprio "mettersi a disposizione", tra cui, in presenza di questa inviare un messaggio con scritto «Ciao, dove abiti adesso?», facendo vedere che si offre collaborazione per dare la posizione del bersaglio.

La situazione non mi stupisce, in un posto dove, si scatena l'ammirazione e la voglia in alcune donnette di mettere a disposizione i propri orifizi quando un maresciallo minaccia genitori affranti nel loro dolore di non sporgere denuncia contro la propria compagna, per quanto sia a tutti noto il coinvolgimento personale del suddetto maresciallo: anziché indignarsi e rivoltarsi, tutti accettano le regole del gioco per continuare ad avere la sua protezione e questo è normalissimo.

Ricordo di aver visto Alfredo in una TV dal nome: Le fonti TV, devo cercare quel servizio, potrebbe essermi utile.

È fine mese ed i giornali parlano dello scandalo dei carabinieri della caserma Levante di Piacenza, purtroppo per questi carabinieri mariuoli, Piacenza non è terra d'omertà come altre città, altrimenti non sarebbero stati indagati. Immancabile il commento di Roberto Saviano che qualche giorno dopo i fatti ha pubblicato un video in cui esordisce con «Questi non sono carabinieri», cerco di immaginarmi Saviano che vive a bergamo, in quel caso avrebbe dichiarato: "qui non esistono carabinieri e nemmeno polizia e finanza". A proposito, anni fa, 03/07/2015, quando i media pubblicarono un articolo relativo ad un maresciallo arrestato per spaccio a Cremona e favoreggiamento della prostituzione, io commentai con «Questo é nulla rispetto a ciò che succede a bergamo, altro che Maracaibo. La città dei mille, potta e cocaina, splendida regina, Zaza, un gran casermotto, 23 mign…tte,

Tromban come matte, in urbalta il porco se le sbatte…casa di piacere per chi non vuol vedere…Ma nessuno c'era…ed il magistrato non sapeva. Sì, ma le marchettiere (intese come marchettare)   …era   una copertura…faceva sparire gli atti dalla procura» nessuno ha mai chiamato o mi ha imputato per il mio commento.

VI

SEMPRONIO

Nulla è più complicato della
sincerità.
(Luigi Pirandello)

2020-09-XX Sono al telefono a fare due chiacchere con [sempronio], dopo una lunga chiamata…

[M 01:10:02] «Va bene dai, abbiamo finito per oggi la riunione» mi ignora, penso sia stanco o non voglia darmi informazioni.

[Sempronio 01:10:06] «Ma laddove, scusa?»

[M 01:10:09] «No, nel senso che non c'è più niente di cui parlare, ti sento silenzioso»

[Sempronio 01:10:14] «Sto parlando con un amico che mi che mi sta dicendo delle cose che un po' boh mi, mi viene da...»

[M 01:10:20] «Tipo?»

[Sempronio 01:10:24] «Anch'io canaglia, che... Dio sfiga, aspetta: "Ovviamente quindi ho perso la ragione per mezz'ora", ma come? Me la me la butta a me, Eh, questo qui è **il figlio del... di uno dei giudici, Eh?**»

[M 01:10:47] «Ah»

[Sempronio 01:10:47] «Mi fa: "non posso muovermi se no ero, se no ero già lì". Neanch'io, ma come mai sei senza macchina e se te lo dico? [mi fa la cronaca delle questioni inerenti all'essere senza auto] E gli faccio, tu sei a Casina (casa)? [il pusher risponde]: "Sì, la Zisa (soprannome) che è sua moglie dorme. Io sono in Taverna con i miei tre doni, i tre figli che mi ha fatto la vita" — [Nisio] "bene" — [Pusher] " 🖤 ". "Solo che per prima…che prima a cena, io e la Zisa, io e mia moglie (ci) siamo sparati una bottiglia di bollicine, quindi ovviamente ho perso la ragione. Per mezz'ora." [Sempronio]: faccio, ma come? — [Pusher] "No, no, senza sbatti. Menate tra me e me." — [Nisio] "In effetti, leggendo suonava brutto" — [Pusher] "Mi è partita la scimmia, cinque minuti. Ma nulla di grave." — [Nisio] Io gli vorrei dire: Dio, Dio, boia Dio. È un classico»

[M 01:12:40] «Vabbè, ma, eh, non dobbiamo dare tre giorni perché pippava anche lui?»

[Sempronio 01:12:45] «No, ma figurati» fa una lunga pausa «"Ti mando il taxi", gli scrivo»

[M 01:12:53] «Eh»

[Sempronio 01:12:55] «Gli scrivo, ti mando il taxi»

[M 01:13:01] «Sì ved(i)…, che ti posso dire?»

[Sempronio 01:13:04] «Ma sai che cosa? Che è **figlio di un giudice** ed è giusto che voglia. Vuole rimanere, diciamo nell'ombra. Però, gli garba comunque fare, fare capito quello che (usare cocaina). Siccome mi ha dato anche tantissimo aiuto. Non vorrei neanche, insomma mettere in difficoltà, no, per farli sentire. Insomma, lui mi ha dato una grande ma(no)... Stop. Mi faccio, sto pensando, sto pensando… Per te (riferito che pensa al pusher)»

[Sempronio 01:13:51] «Ma io comunque sono qui. Son qui. Vuol dire che comunque perché la Zisa è crollata a letto, quindi mi son detto perché no? (perché non passare a compragli della coca) E allora? E allora, no? E allora? Vai da lei. Dio maiale, Dio no, no, ma io ho scritto, vai da lei, ma ti rendi conto che, se io avessi qua la moglie. E ti interpello per avere un tocco a casa, capito?»

[M 01:14:27] «Sì, sì, ho capito»

[Sempronio 01:14:29] «Gli faccio, no, no, vai da lei, basta. Lei, punto, che cazzo l'ho avuta quella situazione lì, Eh? Bruttissima da gestire, lei lo capisce subito, Eh?»

[M 01:14:42] «Sì, infatti, perché, oddio, pensa che, o hai l'amante o…»

[Sempronio 01:14:48] «Esatto, o, o, la pensa stramba, ma comunque pensa che c'è qualcosa che non vada. Io l'ho detto subito, no, no, vai a lei, vediamo cosa mi risponde, "no, no, sto qui con i bimbi." Dio maiale. "Comunque…"»

[M 01:15:36] «Cosa t'ha scritto?»

[Sempronio 01:15:45] «Sì, quello è quello, quello è scontato. Lo so. "Questione di dieci minuti", mi fa. Gli vien la scimmia, no? (ha voglia di cocaina) Cioè, ma lui ha tre bimbi, Eh? Ma, Marco»

[M 01:16:10] «Eh, eh la Madonna»

[Sempronio 01:16:12] «Eh, ma mi…mi bomba a me. Cioè, se io ad esempio, no Marco, ti faccio un'ipotesi. Son da solo, no; E mi viene la voglia di… (cocaina), no, prendo e vado il coso mi brigo e torno, no?»

[M 01:16:31] «OK qui»

[Sempronio 01:16:32] «Invece ha la moglie di lì, i tre bimbi di là. La voglia quanto me.»

[M 01:16:41] «Eh, che situazione, che situazione.»

[Sempronio 01:16:45] «Cioè, lui comunque si è. E ed è ed è il **figlioletto del, del, del giudice, no**»

[M 01:16:58] «Di pace o magistrato Togato»

[Sempronio 01:17:02] «**Magistrato.** Detto questo, e non voglio insistere comunque, fatto sta che, se lui dovesse.»

[M 01:17:10] «Posso sapere il cognome?»

[Sempronio 01:17:13] «**No, non te lo dico**»

[M 01:17:15] «OK, ma…»

[Sempronio 01:17:19] «È bravissimo, mi ha fatto ottenere questa casa qua Marco. Ho delle… non ti dico che ho degli obblighi, capisci? Della serie, se avessi qui la macchina, no. Mi segui?»

[M 01:17:46] «Sì, sì»

[Sempronio 01:17:48] «Sarei quasi in debito. Eh, in obbligo di andare per lui e andare a dargliela, a mettere nella cassetta della sua posta. L'hai capito in che modo te l'ho detto?»

[M 01:18:05] «Sì, sì, sì»

[Sempronio 01:18:08] «Ma che mi ha fatto vedere i bimbi? Ma aspetta»

[M 01:18:28] «Ma scusa, un secondo però [Sempronio], devo fare una chiamata, se mi vuoi richiamare tra dieci minuti.»

[Sempronio 01:18:35] «Volentieri se hai piacere, se no ci sentiamo un altro giorno, Eh?»

[M 01:18:38] «Sentiamoci un altro giorno allora dai perché devo fare sta chiamata non so quanto dura, perché devo riceverla?»

[Sempronio 01:18:45] «OK, ma fronte di che cosa?»

[M 01:18:47] «Eh no, devo fa no…, è questione di lavoro»

[Sempronio 01:18:52] «Ma che ti porta buon…»

[M 01:18:54] «Sì, sì, sì. Buon, porta, buone co…, buone cose.»

[Sempronio 01:18:57] «E allora io ti auguro Dio buono, Marco, però vorrei che tu poi me lo confermassi»

[M 01:19:04] «Sì, sì va bene, è un buon …, si discute, si vede e via. Dai, ti devo lasciare adesso, oh, un abbraccio. Grazie della chiamata, Okay?»

[Sempronio 01:19:13] «No, ma grazie a te Marco, di, di, tutto. Eh, ci mancherebbe, ci risentiamo quando, se vuoi, se…»

[M 01:19:16] «Se vuoi chiamami anche domani?»

[Sempronio 01:19:21] «Per che ora? domani sera, domani pomeriggio, Dimmi. Tu, domani sera?»

[M 01:19:25] «Domani sera? Domani sera»

[Sempronio 01:19:28] — «Facciamo come sempre il…»

[M 01:19:30] «Messaggino prima…»

[Sempronio 01:19:33] «Messaggino, messaggino sì»

[M 01:19:37] «OK, va bene»

[Sempronio 01:19:39] «Volentieri» si prende una pausa, respiro profondo

[M 01:19:43] «Dai Ciao, un abbraccio, buona serata»

[Sempronio 01:19:50] «Ciao Ciao, un abbraccio, grazie mille»

Bene, mi mancava il pusher figlio di un magistrato della procura di bergamo, devo cercare soprannome e generalità, vedrò come fare; anche in questo caso se qualcuno si illude che le toghe e le divise rosse non lo sappiano e lo proteggano, il club a cui siete iscritti lo sapete, comunque, iniziate a mettervi una maschera da pinocchio, guardatevi allo specchio e fatevi qualche domanda.

La conversazione con Sempronio mi ha ricordato una avuta con "il rosso", l'ultras fotografato mentre lanciava la molotov verso la camionetta della polizia. Quando mi raccontò l'episodio mostrandomi la foto che aveva nel portafogli finita sull'[Eco della città], detto anche "il bugiardino", gli dissi che sono un sostenitore delle forze dell'ordine e politicamente a destra, ma non fascista; mi rispose che anche lui era a destra, a proposito del fascismo disse una frase che mi stupì:

«quando c'era il duce la polizia era vera»; La sua frase dimostra che il malcontento e l'odio verso le forze dell'ordine è dovuto al loro comportamento; l'appellativo da me creato: "divise rosse" calza a pennello, spero si diffonda, di modo da smettere di raccontare una delle più grandi frottole che si continuano a dire in questo stato, l'asserire che le divise corrotte che compiono abusi siano di destra e quindi fascisti, i fascisti vestono rosso e sono tutti a sinistra oramai.

VII

UFFICIO PASSAPORTI

> La segretezza è il perno
> dell'abuso di potere, la sua forza
> abilitante. La trasparenza è il
> suo unico vero antidoto.
> (Glenn Greenwald)

Tramite un cliente, Cesare l'idraulico, me ne sono trovati altri due, Pasquale e Carmine, entrambi si occupano di pronto intervento, inoltre fanno anche da mediatori per la vendita di crediti fiscali, ho un contatto in questo settore, Andrea; provo a proporglieli, ma non si finalizza nulla. Anche Andrea ha subito abusi di potere: anni fa aveva un call center che vendette e i nuovi proprietari vennero indagati, lamentando connessioni con la mafia.

Nonostante Andrea non facesse più parte della società, gli hanno fatto sette processi e per molti di questi il PM era il noto magistrato Ilda Boccassini. Andrea è sempre stato assolto e come si dice, ora ha la laurea alla Boccassini University.

Pasquale gestisce il pronto intervento dal suo ufficio in zona stazione centrale, prima era molto attivo con un'azienda che si occupava di ricariche telefoniche in via Macchi ed era il periodo in cui vedevi spuntare come funghi phone center per chiamare all'estero. Le ricariche sono un settore interessante per i miei scopi, il guadagno è un uno percento lordo, ma non vi è iva, non è come vendere auto, qui è molto più complicato, sono contante viaggiante le ricariche e se il corriere perde una scatola il rimborso è minimo, ma a me interessa fare volume. Dopo un anno di volume potrei ottenere un fido ed avviare un e-commerce e anche con margini bassi si può guadagnare bene. Penso comunque che i radar siano accesi su di me, inoltre non mi sono ancora ripristinato fisicamente. Comunque, un e-commerce è una buona seconda entrata se gestito bene e a differenza di un negozio fisico permette un semi anonimato. Inoltre, un eventuale fido della banca non è pignorabile.

Ho chiesto una nuova residenza a Milano, è contrario alla mia religione fare una cosa del genere e non è di aiuto alla mia autoconservazione, ma tanto, dove sono ora a Milano, questo è l'ennesimo appoggio logistico provvisorio. Dopo aver ottenuto la residenza, faccio domanda per il passaporto, passa oltre un mese e non ottengo risposta, mi reco al commissariato di via Poma 8, all'ufficio dedicato ed incontro l'agente D'Anna, quello a cui ho consegnato la pratica. Gli chiedo informazioni, resta stupito del fatto che io non abbia ancora il passaporto. Decido di scrivere una Pec all'ufficio di via Cordusio, ricevo una risposta che mi fa insospettire. Non giustificano il mancato rilascio. Solitamente, se ci sono motivi ostativi, te li comunicano, ma nel mio caso mi rispondono con un «Inoltre non si sa dove viva la S.V.». Vorrei rispondere «di certo non vado ad abitare in un posto isolato o in un condominio con pochi appartamenti dove sia facile stanarmi e fare abuso di potere», ma è meglio stare zitti. Non voglio sembrare paranoico, lo scambio di mail dura quasi un anno, senza risultato o risposta che mi possa far prendere provvedimenti. La pratica è in un limbo, il responsabile del procedimento è l'agente di Claudio di Leo.

Passo da Carmine per sistemargli il computer, ha il suo negozio in zona Pagano MM, mi offre un caffè, gli racconto che mi negano il passaporto, non crede a quello che gli racconto.

Carmine «Ma uno come te, incensurato, ma poi anche se avessi precedenti, non te lo negano se non sono cose gravi». Gli spiego della condanna e mi dice che per una cosa del genere non è possibile. Si offre di darmi una mano, telefona davanti a me ad un suo cliente, un poliziotto che lavora all'ufficio passaporti di piazza Cordusio di nome Mario Gagliardi, gli spiega la situazione e me lo passa al telefono. L'agente Gagliardi mi fissa un appuntamento presso l'ufficio passaporti in data 07/07/2021.

Arriva il giorno sette, sono nell'ufficio passaporti, chiedo dell'agente Gagliardi; mentre venivo qui pensavo al fatto che anche un cliente a cui ho venduto auto si chiama Gagliardi. Lo hanno indotto ad auto calunniarsi ed a patteggiare per la vicenda delle auto, lo strumento di tortura usato per ottenere questo si chiama: arresto preventivo.

Arriva l'agente Mario Gagliardi, molto gentile e educato, non sono abituato a quel trattamento dalle divise italiane, mi chiede un documento, inserisce il mio nome nel terminale e mi dice di attendere; ad un certo punto esce un altro agente, mi viene indicato di entrare negli uffici dietro la sala di aspetto, mi dicono di sedermi su una sedia che sta davanti ad una scrivania, arrivano due agenti, non si identificavano, sono vestiti in abiti borghesi, con il volto coperto dalla mascherina chirurgica, uno si siede dalla parte opposta della scrivania e continua ad indossare la mascherina anche se ha il plexiglass protettivo che ci separa, mi volto. L'altro agente è alle mie spalle, ad ore cinque, molto palestrato, grosso, forse dopato, indossa jeans e maglietta con cappuccio nero a braccia incrociate, continua a fissarmi in modo intimidatorio, mi volto verso l'agente di fronte a me, questo urla e mi maltratta verbalmente, utilizza come pretesto informazioni su due imputazioni non ostative per il passaporto e create ad hoc dai suoi colleghi, ad un certo punto dice urlando «Oggi ho il problema che non riesco a farmi sentire», poi si alza e mi caccia in malo modo dall'ufficio. Mentre me ne vado, penso al fatto che gli agenti che si sono comportati in quel modo sapevano di commettere un illecito, sapendo anche che i procedimenti a cui facevano riferimento per negare la concessione del passaporto, sono costruiti dai loro colleghi. Se fossero stati in buona fede gli agenti mi avrebbero risposto a mezzo Pec spiegando i motivi ostativi. Decido di scrivere una Pec al prefetto, dopo qualche settimana ricevo una Pec dall'ufficio passaporti, devo presentarmi presso di loro. Vado senza un appuntamento, è il 13/07/2021 e quando arrivo in ufficio, fermo il primo agente che trovo in divisa. Gli dico che mi è stato chiesto di venire per il passaporto e questo mi dice di seguirlo. Mi ritrovo davanti alla scrivania dove ho conosciuto l'agente Gagliardi e mi chiede cortesemente le generalità, un documento e dopo che ha inserito il mio nome e cognome, sgrana gli occhi, alza la testa verso di me poi riporta lo sguardo sul monitor, prende un modulo accanto al PC, me lo porge e dice «Tieni, compila questo e riportamelo». Ringrazio e mi metto alla ricerca di una penna, ne trovo una che scrive a metà, mentre compilo il modulo che ho in mano e penso che abbiano distrutto quello della vecchia pratica, ma non importa, sono un po' imbarazzato mentre riporto il foglio che si legge a metà a causa della penna quasi scarica. L'agente guarda il foglio e non batte ciglio, mi guarda e dice «Grazie, ciao» lo guardo come a chiedergli un'informazione e mi dice «Ti chiamano quando è pronto», ringrazio e me ne vado, circa due settimane dopo ritiro il passaporto nell'ufficio di via Poma, ha data di rilascio 14/07/2021. L'agente che mi ha minacciato dovrebbe capire che non ha il problema che non riesce a farsi sentire, non sente che è spazzatura che infetta lo stato e si dovrebbe dimettere, ma è inconsciamente consapevole che è un "guappo di cartone", al pari del suo collega complice e nel privato non lo assumerebbero nemmeno a fare delle fotocopie.

Qualche mese dopo il rilascio del passaporto i due procedimenti ostativi si esauriscono, uno con assoluzione perché il fatto non sussiste; l'altro con remissione di querela di parte; quest'ultimo era il procedimento in cui mi avevano condannato e cancellato la condanna dopo quindici giorni, rifiutandosi di notificarmela di persona.

L'abuso che mi è stato fatto all'ufficio passaporti proviene sicuramente da bergamo. Penso ad un fatto, il poliziotto che era di fronte a me, assomigliava fisicamente al poliziotto [longplace], ora amichetto di [moon], penso in modo comico al loro rapporto e cerco di immaginarmi i dialoghi quando [moon] ha deciso di cedere per un secondo fine alle avances.

Longplace «Moon, se tu prendere mia carota, farò sparire la polizia locale con un pota»

Moon «Se tu scacciare polizia locale, io subito gambe allargare, se poi continuare anche bello regalo ti fare»

Successivamente ha capito che era meglio farsi ingravidare, di modo da garantirsi una protezione a vita.

VIII

KARMA

Spesso ci si imbatte nel proprio
destino sulla strada preso per
evitarlo (proverbio cinese)

L'albero storto vive la sua vita,
quello dritto finisce dal
falegname
(Proverbio cinese)

É il sedici 16/02/2021, sono sulla metro MM, linea verde, in direzione Milano, mi sto rilassando un attimo e mi arriva una richiesta d'amicizia da un account Facebook dal nome Boura Foufana, è un nome africano, ma la foto profilo é di una ragazza bionda circondata da cuori, non so che pensare, mi sembra il metodo "Laura". February 16, 2021, 2/16/21, 3:31 PM Boura Foufana «O. Ciao, come stai».

M «Al solito, tu?»

Boura Foufana «Sì sto bene grazie e sono davvero felice di leggerti e spero di non disturbarti?»

M «Che posso fare per te? Mi ricorderesti il tuo nome? Kemi? Mery? Laura?»

Boura Foufana «Niente so solo che sono nuovo qui è per questo che ti ho inviato una richiesta di amicizia e spero non ti dispiaccia? il mio nome è doriane»

M «Ok»

Boura Foufana «Ok non preoccuparti e cosa stai facendo adesso?»

M «Sono sulla metro MM»

Boura Foufana «In questo momento sono a casa con mio figlio e spero che la mia presenza non ti dia fastidio»

M «Noi ci conosciamo?»

Boura Foufana «Ciao caro amico, sono nuovo della rete e vorrei fare nuove amicizie attraverso mi piace scoprire nuovi orizzonti e vorrei che tu facessi (parte di) alcuni dei miei nuovi amici»

M «Ok»

Chiudo la conversazione, non è Laura, deve essere qualche truffatore, Laura che io sappia non ha figli.

È il 10/05/2021, mi sto facendo una passeggiata pomeridiana in area C, sono le quattordici. Una ragazza mi guarda, cerca di attirare la mia attenzione, la guardo, è carina, ma mi dico: "Non posso, ho quella questione ed il lavoro" la ignoro, mentre cammino penso al fatto che la cosa accade spesso, decido di scrivere ad un mio cliente ed amico che fa il coach, sta diventando disturbante questa elusione dei momenti di vita sociale.

M «Ciao Giovanni, come stai? volevo chiederti una cosa, tu nel tuo coaching hai mai fatto una guida: "Come ritagliarsi del tempo libero dedicato all'interazione sociale", mi sto rendendo conto che il mio vivere per lavorare sta peggiorando, continuo a non avere mai spazio per farmi dei nuovi amici»

Giovanni «È un problema serio. Bisogna dare più importanza a sé stessi»

M «Infatti, ma la questione che, quando esco a fare due passi, e mi faccio a piedi da piazza risorgimento ai navigli, continuo a pensare a lavoro, snobbo le ragazze che mi guardano perché penso: "devo prima finire quelle cose" (intendo la questione di

Frida & C.), a bergamo questo atteggiamento aveva un senso, data la realtà provinciale ed il mio essere in blacklist e perennemente accorto per la questione con i CC, ma qui è diverso»

Mi dà qualche consiglio, lo ringrazio e continuo a camminare, mi sto godendo la città facendo queste passeggiate dopo i lockdown. Solitamente amo fare delle passeggiate notturne, mi provocano anche un po' di tristezza sotto un certo punto di vista, vedo gli altri che vivono il momento presente ed io ho questa situazione che mi pende sulla testa.

In questo periodo continuo a ricevere diverse richieste d'amicizia e/o follow, la cosa strana è che tutte parlano di bambini, qualcosa non mi quadra, ho bloccato laura in tutti i social tranne

WhatsApp, ma non ho il suo numero. Lo ritrovo tramite il Facebook data leak, inserisco la stringa nel browser, la sua frase profilo è: "sì la persona che vorresti incontrare". Vedo una foto di un neonato, non capisco quanti anni abbia o, meglio, quanti mesi; chiedo info ad una mia amica che ha figli, mi dice che è una foto di un bimbo o bimba di circa due mesi. Nella foto il bimbo è su un letto con ai lati due adulti, una è Laura, l'altra sarà il compagno, la mia amica mi scrive «stai alla finestra...Ci sono studi che dicono che le donne con figli nei primi tre anni di vita non hanno nemmeno il tempo per farsi una doccia», scrivo alla mia amica che in questo momento penso a mia madre, ma non ne comprendo il motivo, come se non avessi ascoltato qualcosa che doveva dirmi e contemporaneamente penso che sia una cosa sciocca, mi ha abbandonato quando facevo l'asilo ed era anche divenuta violenta. La mia amica esordisce con delle frasi «Mi spiace per te…Lei sta a posto», le ribadisco la questione processuale e mi dice che le dispiace anche per quella, le spiego che è la questione giudiziaria il fulcro del problema, non cosa faccia Laura della sua vita privata, ma che abbia bloccato la mia. Decido di bloccare il numero di Laura in WhatsApp web, senza nemmeno metterlo in rubrica, penso "Stronza che ti fai la tua vita nonostante la tua omertà!"

Il giorno dopo sono al computer in casa a lavorare, mi arrivano sei richieste d'amicizia in Facebook, tutte fake, da profili creati pochi minuti prima di chiedermi l'amicizia, le blocco tutte, comprendo una cosa, Laura ha il mio numero in memoria, questo lo sapevo, mi aveva memorizzato come: Marco Pazzo, di modo da rinforzare le sue menzogne sul fatto che la perseguitavo. Non pensavo che bloccata su tutti i social guardasse il mio profilo WhatsApp tutti i giorni; il mio stato e la foto profilo sono pubblici.

Nei giorni successivi continua con altri account, tra i nomi più divertenti ci sono: Benigna Lina e Pupa Benigna.

Sono in auto, in direzione piazzale Maciachini, c'è traffico, cerco di trovare una stazione radio con della buona musica, non so su che stazione sono non avendo installato il modulo DAB, è ancora nel cassetto portaoggetti, sento la presentatrice che dice «Il tema di oggi è l'importanza dei nonni nella nostra vita» e penso: «nella mia nulla», la presentatrice dice «È arrivato un messaggio da [nome di donna] la quale ci scrive: "io devo molto ai miei nonni, sono loro che mi hanno cresciuto quando mia madre mi ha abbandonato per inseguire il suo sogno d'amore"» sgrano gli occhi, inizia poi la musica.

Giugno duemila-ventuno mi contatta Magistro, ci avevo litigato, mi deve parlare, mi dice che adesso è in guerra con «La tua Miorin», lo raggiungo a casa sua, mi racconta che sono passati da lui Miorin e Maiorano, gli hanno raccontato che si sono incontrati con un tale di nome Paolo Casellato. Gli hanno consegnato delle valigie con all'interno i miei computer, non mi sa dare altre informazioni ma solo il nome e due numeri di telefono elvetici di questo Casellato, alla fine il suo fare il doppiogioco ha portato Magistro Antonino a non incassare nulla dalla Miorin. Devo pensare ai miei computer. Contatto Pietro per sapere se conosce questo tizio, mi risponde affermativamente, lo ha visto una volta o due, ma non sa dirmi altro. Dice che proverà a sentire il suo compare pluripregiudicato che glielo ha presentato, non si conclude nulla.

È il 05/07/2021, mi scrive in WhatsApp un mio amico bergamasco, Maurizio detto Mauri.
[5/7/2021, 22:12] Mauri «Conosci [Cognome] edilizia di Zanica»
[5/7/2021, 22:13] M «No, perché?»

[5/7/2021, 22:14] Mauri « 👥 »

[5/7/2021, 22:14] Mauri «Così, magari li conoscevi»

[5/7/2021, 22:15] M «Perché dovrei conoscerli, io non sono di Zanica»

Mi chiedo perché mi ponga la domanda, Mauri sa benissimo che non sono bergamasco.

[5/7/2021, 22:15] M «?»

[5/7/2021, 22:15] M «Ti dai all'edilizia?»

[5/7/2021, 22:15] Mauri «No, magari ci avevi lavorato»

[5/7/2021, 22:15] Mauri «No, il mio amico Foday»

[5/7/2021, 22:16]M «Ah, mi fa piacere che ha trovato lavoro»

[5/7/2021, 22:16] M «Intendi a fargli assistenza informatica?»

[5/7/2021, 22:17] Mauri «Sì, certo»

[7/5/2021, 22:17] M «No»

Collimo le informazioni, il cognome prima di Edilizia è il cognome di Laura, l'azienda deve essere di qualche suo parente; Laura deve aver visto tramite un account finto o di qualche suo amico che io e Foday siamo amici in Facebook; quindi, devono aver chiesto informazioni a Foday. questo lo ha raccontato a Mauri e questo di conseguenza mi ha scritto. Laura, secondo me sei proprio in una brutta situazione.

Avevo sentito Mauri tempo prima quando non si parlava altro che di lockdown, già il lockdown e le teorie su come è arrivato a bergamo il Covid-19. Non scriverò la mia opinione sul covid-19 in questo libro, posso solo dire che, se bisognasse inventarsi una psico pandemia, bergamo è il posto

Perfetto. Negli anni Novanta è stata creata la psicosi dei terroni ed è nata la lega di Bossi dei giovani comunisti, facendo credere alla popolazione di essere la motrice dell'Italia, mentre al contrario, è il posto perfetto per un convincente teatrino, uno spettacolo di magia: ciò che l'occhio vede e l'orecchio sente, la mente crede. Quattro bandiere verdi e nasce il suprematismo padano, l'ho vissuto sulla mia pelle quando ero in affido famigliare a Pontida. Ero un bambino che mal celava il suo ateismo in un paese profondamente cattolico, nato in Calabria, quindi un terrone, abbandonato dalla madre e con unico punto di riferimento un padre più bestia che uomo che teneva la parte ai servizi sociali e della famiglia affidataria. Mi sentivo un nero ebreo nel paese del Klu Klux Clan. Anche in questo caso, nel duemilaventi come nel passato, nessuna critica, nessun dubbio, credere ed obbedire senza nessuna resistenza, senza fare domande, come all'esistenza della Padania. Non ha la minima importanza se coloro che a casa loro chiedevano di essere "padroni", poi dello stato si riveleranno "ladroni".

Chissà se il V, tutti i parenti e vari annessi sono vivi o sono stati eliminati dal Covid-19, chissà che vita hanno passato i nipoti dello zio ed il mio fratellastro, se V, zii e complici, fossero ancora vivi, avrei almeno una speranza di sputtanarli un giorno. Di certo, con la magistratura che abbiamo, non conto in una loro condanna; oppure, sono stati cancellati dal virus o dal siero, come un getto d'acqua pulisce degli escrementi su un marciapiede, una pulizia del karma, non servono più: il loro scopo era quello di farmici avere a che fare perché io potessi poi essere qui.

Verso fine mese litigo con Magistro Antonino per vari motivi, ad esempio perché non ha registrato Maiorano e Miorin quando gli hanno raccontato della ricettazione dei miei pc rubati e raccoglierne le prove. Come gli dissi più volte «Non fai nulla per toglierti di dosso la fama del noto truffatore milanese». Magistro sorride e mi racconta che la Miorin dopo aver rubato e consegnato al Casellato i miei computer e accessori, ha sporto denuncia raccontando il falso: la stessa ha dichiarato altresì che qualcuno le è entrato in casa e le ha rubato le valigie con all'interno i miei computer. A sentire Magistro, le ha consigliato di fare così proprio colui che ha fatto archiviare la denuncia da me sporta a Como per i maltrattamenti alla madre. Questi, inoltre, le ha suggerito di fare questa denuncia dichiarando un irrealistico quanto falso furto. Ma sui "Trust della poetessa" non scrivo altro qui. L'avv. Dino Salati è Magistrato onorario: a fine agosto mi chiede l'amicizia in Facebook e questo è il tipico comportamento degli statali e dei complici: ti danneggiano e poi vogliono far finta che non sia successo nulla, ovviamente se fossero loro parte lesa accadrebbe ben altro.

Arriva il trentuno luglio, in Facebook mi arriva una richiesta d'amicizia da un account dal nome Maria Rossi:

https://www.facebook.com/profile.php?id=100070992063584. Account creato il ventidue luglio, sulla foto profilo ha un neonato, è una foto scaricata da internet, con scritto sotto «Mamma, non vengo al mondo per separarti dalle tue amiche, ma per farti capire quali sono le amicizia vere, tranquilla mamma chi vuole esserci rimane...»

Pubblica anche una foto con scritto: «SCORPIONE, Boh dovresti farti un bell'esame di coscienza tu eh», accetto l'amicizia; nell'ultimo periodo solitamente mi scriveva da molteplici account in cui si spacciava per ragazze straniere e parlava solo in inglese, pensando di non essere scoperta: le scrivo, sono le due PM, ora di Facebook.

M «Ciao Laura, come mai in questo account hai scritto che sei single? Io comunque sono Sagittario e tu sei una che ha favorito un sistema mafioso con la sua omertà ed ho problemi anche alla data odierna»

M «Chissà se tu la hai una coscienza o te la sei bevuta come ti sei bevuta i miei diritti alla difesa, rendendoti irreperibile e diffamandomi»

M «Comunque, tra i disperatamente fidanzati c'è stato un boom di Corona baby, nati durante la pandemia, in fin dei conti se si ha paura a stare soli e ci si chiude in casa con il primo che passa...»

M «Pensavo fossi in vacanza dato che sono 3gg che non fai account finti, con questo sono il primo amico...non hai nemmeno voglia di impegnarti a nascondere i tuoi account finti»

M «Tu hai vissuto la tua vita impedendomi di vivere la mia, ricordati di questo, che per te sono più importanti i tuoi selfie della vita degli altri»

Maria Rossi «Ciao Marco io prima cosa non mi chiamo Laura, ma mi chiamo rosy secondo ho fatto questo profilo solo per vedere una persona»

M «Chi sarebbe questa persona?»

Maria Rossi «Mio marito»

M «Bene, mi serve copia di un tuo documento per escluderti da un'integrazione che devo fare in procura. le tue generalità per favore»

M «Anche di tuo marito»

M «Sono in attesa, le tue mi sembrano risposte alla: Madison Vaspari»

M «Facciamo una video call»

Non risponde, ho fatto degli screenshot del profilo, dice di essere di

Livorno, dopo qualche giorno le scrivo, è il sei agosto, sono le dodici e cinquantanove»

M «Dunque Laura, una bugiarda incallita come te ha finito gli argomenti?», mi blocca pochi minuti dopo la conferma di lettura, ho preso nel segno un'altra volta, inizio a capire alcune cose, tempo fa mi ha scritto con un numero fake su WhatsApp, non è la prima volta, il nome era Linna, un marchio di abbigliamento per neonati, il negozio è in Liguria; quindi, forse anche l'account Boura Foufana era lei, forse era da poco tornata dall'ospedale dopo il parto.

Improvvisamente capisco perché ho detto alla mia amica che mi è venuta in mente mia madre, ma non capivo il perché, la sua frase: le donne quando hanno un figlio per i primi tre anni non hanno nemmeno il tempo di fare una doccia. Mia madre come cavolo ha fatto a trovarsi un uomo se mi ha abbandonato a quattro anni e mezzo? Di fatto se n'è andata via anche prima dalla casa coniugale. I social allora non esistevano e nemmeno il cellulare; quindi, quell'uomo esisteva da prima, lei lo scrisse anche in una dichiarazione spontanea in cui disse su di me «I figli si fanno con amore e per amore, io non provo nulla per Marco», dichiarò che non mi voleva più vedere, ho portato via quelle dichiarazioni da casa del V, le tengo in un classificatore in un capannone a Crema, era il mio deposito riservato fino al duemila-ventuno, ma da quanto tempo stava con l'amante di allora dato che mi ha partorito quando aveva diciannove anni? Perché si è sposata con il V e non con questo? ma soprattutto perché penso a questo? Mi viene immediatamente in mente un altro dei tanti libri che non ho letto, avevo salvato il titolo da qualche parte, devo cercare, l'argomento era: psicogenealogia o psicologia degli antenati; io sono o, meglio, ero, quello convinto di aver spezzato il karma familiare e mi ritrovo in questa situazione. Questa ragazza mi diffama, ha un figlio con uno mentre fa dediche d'amore a me e contemporaneamente mi ha rinnegato dicendo che con me ha parlato una sola volta. Sono vincolato a lei che non testimonierà mai, non riesco a far valere i miei diritti, soprattutto per la qualità delle persone che compongono la magistratura italiana.

In passato, pensai di contattare il padre di Laura, Ezio, per convincerla a testimoniare, ma poi ci ho ripensato. Ricordo bene cosa è il sindacato rosso e se non è errata la notizia che il sig. Ezio lavora lì, il comportamento omertoso ed anche criminale di Laura è perfettamente allineato con il frutto di un'educazione che gli ha trasmesso la famiglia: solo in questo modo si può spiegare l'intralcio dato alla giustizia.

In passato Laura era andata in vacanza in Thailandia, io non lo sapevo e aveva chiesto ad una guida thailandese di inviarmi la richiesta di amicizia in Facebook: "mee tour guide"; ha sempre fatto queste cose, ma non ha mai voluto parlare dell'argomento processuale. Penso anche al fatto che anche mia madre mi ha rinnegato, lo ha messo nero su bianco e lo ha firmato. Non so che dire, il confine tra la cronaca giudiziaria e storie che sembrano uscite dai libri di Paulo Coelho è molto sottile; cerco il titolo di quel libro sulla psicogenealogia.

Che vita di merda che fai Laura! Nonostante tu mi abbia rinnegato al pari della mia ex madre, In nome della vecchia amicizia ti auguro di impiccarti dopo aver dato in adozione tuo figlio, così tu smetti di fare una vita che è solo una gran menzogna ed il bimbo si troverebbe con due genitori che lo amano e che si amano: una volta al suo posto c'ero io. Sicuramente sei più fortunata di mia madre, sei istruita, hai una laurea breve in psicologia e non vivi in un paesino del sud d'Italia. Mia madre è stata schifata dai suoi stessi parenti per quello che mi ha fatto. In quei paesi, anche dopo molti anni, la gente quando ti vede è capace di voltarsi e sputare per terra, condannandoti al fine pena mai. Laura, per tua fortuna tu vivi nella città più ipocrita d'Italia, definita anche l'anticamera del Vaticano, perché si predica bene e si fa l'opposto. Non posso escludere che magari anche tu possa avere il tuo fine pena mai, forse tra un ventennio quando tuo figlio ti chiederà quali sono le cose importanti della vita come l'amore o il perseguire i propri obiettivi. Probabilmente come in alcune sedute di terapia risponderai atonica «Ma, lo chiedi a me? la mia vita è una gran menzogna, io faccio la puttana con la fede al dito come mi ha insegnato tua nonna Fulvia, il tutto per non testimoniare contro dei corrotti, come don Abbondio nei promessi sposi, il tutto favorendo un sistema mafioso, nascondendomi dietro i selfie e le bugie idiote da schiava puttana, guarda i miei occhi assenti nelle foto sui social», poi andrai in bagno a piangere ed uscirai come se nulla fosse accaduto come fai sempre. Magari ti toccherà incontrare i figli di Nicola Cherchi il sardo, oppure il figlio di Gigi, e spiegargli che è rimasto orfano di padre a sette anni perché tu dovevi prenderti lo spritz ed atteggiarti sulla pelle degli altri.

Potrei definire il tuo comportamento nei miei confronti il: "Paradosso di Laura"; ciò consiste nel raccogliere informazioni tramite terzi su qualcuno che vive in penombra anche grazie alla diffamazione ed al discreto creato da chi lo cerca. Non sei in una buona situazione, io ingoio brutte situazioni mentre sono immerso nel fango per tirarmici fuori. Tu sei nel fango fino al collo e sorridi dicendo «Che bello stare immersa nella cioccolata». Penso che tu abbia raggiunto il punto di non ritorno, poiché anche in tribunale dovrai mentire e devi tenere in piedi il tuo castello di omertà.

Si dice che le persone che incontriamo nella nostra vita possono essere due cose: una lezione o una benedizione, tu di certo non sei stata una benedizione, almeno non fino ad ora e sto cercando di capire la lezione, meglio non avere fretta, non vorrei interpretare male, soprattutto su mia madre e continuare un ripetersi di cicli, per ora interpreto parzialmente un messaggio: far finta di nulla ed essere "don abbondiano" non paga.

La prossima vacanza in asia con un'amica falla in Corea del Sud, qui potresti riflettere sul concetto filosofico definito mimang: si addice a questa particolare situazione.

Laura continuerà con altri account, io però devo arrivare alla soluzione del problema.

Penso che, se sono finito in questa situazione, tutto ciò dipende da una causa che devo ancora sviscerare. Le poche volte che ho avuto a che fare con magistrati o divise dove volevano farmi passare per il criminale, i loro comportamenti mi hanno ricordato le persone in mezzo alle quali sono stato prima di scappare di casa; è il sistema da loro creato che dá potere agli orchi, i quali, all'infuori di questo, apparirebbero per quel che sono, dei miserabili e ridicoli, sostenitori di tesi distopiche a loro vantaggio in sfregio ai diritti altrui. Non è un caso: dovevo rendermi conto delle similitudini tra il V analfabeta e con problemi psichiatrici, divenuto rappresentante sindacale e ritenuto attendibile da toghe; allo stesso modo della pericolosità della donna di pontida, analfabeta di ritorno, che con una forma di razzismo suprematista insultava e denigrava senza prove o test di realtà, nonché del suprematismo della figlia mantenuta e mantenutasi con i soldi inviati dallo stato per il mio mantenimento, un perfetto ritratto dell'animo delle toghe e delle divise rosse italiane, gli stessi sorrisetti, la stessa miserabilità, gli stessi tentativi di accusa e denigrazione, l'identica boriosità autoreferente.

I tribunali italiani sono una sorta di famiglia disfunzionale dove l'imputato è il paziente designato; quindi, il diritto a proteggersi è stato revocato; un'imputazione, al pari dell'affido famigliare è qualcosa a cui non ti puoi sottrarre o le conseguenze saranno peggiori.

É il ventotto dicembre duemila-ventuno, oggi devo fare un lavoro in una banca in centro città, installazione di alcuni computer, *roll out* in gergo, il lavoro inizia e si conclude nella giornata odierna. Mentre sono dietro allo sportello della cassa entra un tizio che mi sembra di avere già visto. Dice al cassiere in piedi accanto a me che è venuto per chiudere un conto corrente, dice il suo nome, … [cognome], lo guardo stranito, mi pare di aver sentito lo stesso cognome di Laura, guardo meglio il tizio, è un po' più alto di me, lo noto anche se sono seduto, sarà circa cinque centimetri più alto di me; il fratello minore di Laura è alto un metro ed ottantotto, deve essere lui, l'ho visto due volte, ma non ci siamo presentati, sicuramente lui non si ricorda di me. È venuto apposta oggi in mattinata da bergamo a firmare per la chiusura del conto corrente. Oramai si viene in banca solo per poche operazioni, si fa quasi tutto online, tranne che aprire o chiudere il conto corrente. Che strana situazione. Questo evento mi fa pensare ad un film di cui vidi solo il trailer, Sliding Doors (1998). Mi suona nella testa la colonna sonora del trailer, mi piace molto. Mi chiedo anche perché penso al film, finale alternativo? Messaggio Karmico? Ipotesi su un'altra vita che avrei potuto avere senza il disordine da stress nella stessa situazione? Una frazione di secondo può cambiare tutto?! O chissà quali altre situazioni. La canzone colonna sonora del film che accompagna il trailer aveva come titolo, turn back time ed il ritornello era, *If only I could back time*, è una delle domande che mi sono fatto più spesso nella vita. Il duemilaventuno si conclude con questa strana situazione.

IX

IL TRADIMENTO DEL NON KILLER DI MONTEGRANARO

La fiducia: danza senza ombrello
sotto una pioggia di pugnali.
(Alejandro Jodorowsky)

Il duemila ventidue non è iniziato bene, abito da circa due anni in un appartamento che affittavano solo su foto…, peraltro, ho scoperto poi, le foto sono false, hanno subordinato la stipula del contratto ad un pagamento anticipato di circa un anno, per poi scoprire che l'appartamento è uno schifo, il contratto della società di gestione affitti, redatto da un avvocato e scritto a caratteri piccolissimi è assolutamente vessatorio e capestro:

mi hanno nascosto che non lo hanno registrato, è l'11/01/2022, sono le dodici e ventiquattro, chiamo la polizia perché sono infetto da Covid-19, gli agenti in borghese si rifiutano di aiutarmi, mi fanno sfrattare con uso di atti falsi nonostante l'infezione, cosa riconosciuta anche dal tribunale,… ennesima coincidenza? Ma, non è questo il libro in cui parlarne, un titolo idoneo sarebbe: "da Palermo a Milano, da Saguto a Savignano; di mille stupri l'anno non importa a nessun magistrato italiano": così emergerà il ruolo della magistratura italiana nell'aumento del crimine nelle città italiane. Però sarebbe troppo lungo, meglio "L'arpione e la piovra". Nel mentre, devo pensare al fatto che sarò rifiutato da tutti gli hotel, i bar ed i ristoranti.

Le mie indagini continuano, qualche mese fa ho inviato una Pec direttamente alla mail personale del PM Gianfranco Gallo, ma nessuna risposta da parte della procura in relazione alla mia denuncia di furto e simulazione di reato: tutto è fermo e non so cosa pensare.

Squilla il telefono, è Pietro P., dice che è urgente, deve andare assolutamente da Casellato Paolo, quello che ha le valigie coi miei computer. Questo ha combinato un casino ad un suo compare e se Pietro è agitato, di solito è in un guaio vero, prossimo all'arresto anche se l'arresto, di per sé non lo spaventa. Mi chiede se posso anticipargli cento euro, non mi pongo il problema, ha sempre ripagato tutto col lavoro: Imbianchino, posa piastrelle, piccoli lavori di muratura, glieli invio, ma la sua voce mi sembra strana, continua a scrivermi messaggi, tutti i giorni mi chiede soldi, inizio a pensare che debba scappare. Mi dice che ha incontrato Casellato, la Miorin e che sono successi dei casini. Continua a chiedermi soldi, alla fine in due mesi gli ho inviato circa cinquemila euro, una cifra che potrebbe ripagarmi in sei mesi di lavoretti presso terzi, lo incontro in un paio di occasioni, mi presenta anche un suo nuovo amico, Tommaso. Questo mi dice che per motivi legati a Pietro gli sta dando una mano a recuperare i miei computer… non so che pensare, i dati dentro i computer valgono molto più di cinquemila euro, lo sanno anche coloro che me li hanno rubati. Ad un certo punto incontro Pietro, la moglie ed il suo amico Tommaso in un bar vicino Lambrate. Mi consegnano due trolley avvolti in un cellophane. Pietro ha la faccia di uno sfinito e non perché faccia festa con cocaina o altro, non so chi o cosa abbia alle calcagna. Non posso fare altro che mandargli dei soldi se gli serve. In questi due mesi ha spesso detto in modo ossessivo una frase al telefono «Chiariamo che io non ho bisogno di truffarti a te dei soldi, che se mi servono te li chiedo in prestito, perché me li hai sempre dati», penso continuamento a questa frase in queste settimane. Torno in uno dei miei alloggi provvisori, in questi anni di persecuzione molti dei miei alloggi sono simili all'hotel occupato dai protagonisti del film *fight club*; uscito nel novantanove, questo mi fa sorridere, apro le valigie. Cazzo, nelle valigie ci sono solo cianfrusaglie elettroniche, due vecchi lettori DVD e dei vecchi cellulari per fare peso, mando un video a Pietro su WhatsApp, risponde con un: «Bastardo mi ha fregato», una valigia ha una forma strana nella fodera, apro la lampo che fa accedere sotto alla fodera di uno dei trolley, vedo una busta bianca, afferro l'oggetto, è una pistola, è grande quanto una pistola d'ordinanza, la busta è sottile, ma non è di quelle biodegradabili, è come quelle bianche dei fruttivendoli o dei negozi etnici. Chiamo Pietro e gli dico che tra pochi minuti dovrò chiamare la polizia per l'arma da fuoco, gli spiego che questa è dentro due buste chiuse per non farne vedere i dettagli. Pietro subito alza la voce, mi dice di non chiamare la polizia perché sta tornando indietro da Merlino, insiste di non chiamare assolutamente la polizia o lo arresteranno, passa meno di un'ora, lo incontro vicino a Lambrate, gli consegno la pistola inserita in una busta di cartone, è mezzo felice e mezzo preoccupato, mi risponde solo con un «Lascia fare a me che sono del mestiere».

Passano due giorni, mi chiama Pietro urlando «Devo scappare, mentre stavo tornando a casa, ho visto i vigili, mi vogliono arrestare, cazzo mi hai dato sta cosa»

M «Gli raccontiamo la situazione»

Pietro «See, a te che sei pulito, ti possono credere, a me, se me la trovano, buttano via la chiave»

M «Ma adesso dove sono i vigili?»

Pietro «Ma non lo so, come li ho visti da lontano sono andato a piedi alla stazione dei treni, adesso sono a Verona, non ho nemmeno i soldi per le sigarette»

M «Io pure sto a zero soldi»

Pietro «In questo casino ci sono finito perché volevo darti una mano per quei cazzi di computer, ci devo sempre perdere io!»

M «Stai tranquillo, risolviamo tutto» mentre lo dico, penso a chi possa farlo agitare in questo modo: non è uno che ha paura della galera, si è fatto oltre vent'anni, era condannato al fine pena mai, si agitava quando gli arrivavano le notifiche di un'indagine a suo carico ed urlava, ma urla in modo diverso come se avesse fatto uno sgarro a qualcuno, no, anzi come se gli stesse addosso qualcuno. Ma chi può metterlo in una di queste situazioni? anche se avesse preso e non pagato qualche chilogrammo di droga, non si comporterebbe in questo modo, … non so che pensare, voglio risolvere a modo mio.

Pietro «Tranquillo? tranquillo è in galera, tranquillo dice lui, sono scappato che non avevo nemmeno i soldi per il treno»

M «Ti faccio il biglietto di ritorno e te lo mando su WhatsApp»

Pietro «Non mi va WhatsApp, questo cazzo di telefono non so cosa abbia, sai che non ci capisco un cazzo, non sono come te, non sono tecnologico»

M «Tranquillo, ti mando i dati per SMS, fai vedere il codice al controllore e sei a posto»

Pietro «Va bene, se lo dici tu» gli acquisto il biglietto del treno; è ottobre duemila-ventidue, questa storia è sempre più intricata, non bastavano i mariuoli in divisa, Er mago Brino la Fiacca, ci mancava anche che si mettesse a depistarmi manovrato da non so chi uno degli ex uomini di Totò u curtu, finito anche su Wikipedia per la sua passata posizione apicale nella mafia di Riina. Pietro era appartenente allo schieramento dei corleonesi, gestiva la zona di Catania; per quale motivo Pietro lo ha fatto? non è una questione di denaro o cocaina, gli hanno dato ordini di depistarmi e lui ha obbedito in nome di vecchie amicizie? devo escluderlo, le sue vecchie amicizie non mettono pistole in valigie come deterrente, chi può essere stato? Jerry, lo zio, lo escluderei, il clan Rosa è fuori da questioni di questo tipo, non è inoltre il tipo che si accorderebbe con divise sporche, non ho nemici nel crimine o, meglio, i nemici che ho nel crimine sono in una fusione con dipendenti statali sporchi; quindi, solo qualcuno colluso con qualche pubblico dipendente corrotto alle dipendenze dello stato potrebbe farmi una cosa simile.

Decido di scrivere una Pec alla DIA, ma non a quella milanese su cui magari scriverò qualcosa dal titolo: "i colonnelli della Mafia", devo scrivere a quella centrale a Roma, tra le cose più assurde che uno può fare in questo paese è scrivere una Pec all'antimafia cercando di giustificare uno che è stato accusato di essere uno dei fedelissimi sicari al servizio di Riina e spiegare che ti ha consegnato una valigia con un'arma da fuoco in una busta chiusa. Per ora, presumo che il gesto aveva lo scopo di avvertimento e minaccia per farmi rinunciare a cercare i computer rubatomi. Dopo la Pec ricevo una chiamata dal commissariato di Via Poma, è il 13/10/2022, sono le quindici e quarantacinque.

Poliziotta «Pronto [Marco]?»

M «Sì»

Poliziotta «Commissariato …»

M «Sì, ho visto»

Poliziotta «Ah, ha il numero in memoria» lo dice come se fosse prova colpevolezza e con voce da spaccona

M «Sì, sono passato a fare delle denunce»

Poliziotta «Lei abita in [omissis]?»

M «No»

Poliziotta «Dove?» con voce minacciosa

M «In [omissis]»

Poliziotta «IO DECIDO, IO DECIDO, IO DECIDO»

L'indomani esco dalla porta dell'appartamento, Ahmed il portiere sta pulendo con la scopa il pavimento, appena mi vede corre verso la portineria, chiama qualcuno «Arrivato, è qui...».

In qualche bar attorno casa la faccia dei gestori e dipendenti è la stessa, la cosa strana è che sono io ad aver inviato la Pec e dovrei essere tutelato. Dato il contesto, deduco che chi spingeva con forza Pietro per farmi dare una valigia con dentro la pistola, è qualche statale corrotto; deve essere così, e lui ha fallito poiché a dispetto dei calcoli e della preventiva programmazione, le cose non sono andate secondo le previsioni. Quindi, ora stanno tentando in qualche modo di farmela pagare, non ho altre ipotesi per ora; sono consapevole di essere facilmente individuabile e possono attaccarmi senza faticare a cercarmi.

Decido, quindi, di scrivere al Ministero di grazia e giustizia, presunto garante della correttezza e regolarità dei comportamenti dei nostri giudici. Faccio un riassunto dei fatti avvenuti dal duemilasei a quest'anno, i fatti non sono semplici da ricostruire, sono esposti in modo parcellare, un riassunto di novantadue pagine, con riserve di successiva integrazione.

Mentre raccolgo gli appunti per scrivere la Pec al ministero, vengo a sapere che il Paolo Casellato cui sono stati consegnati i miei computer, può essere Giampaolo Casellato, legato al Fiaccabrino e reclutato dalla Gdf in qualità di spia negli anni Novanta in relazione all'autoparco della mafia. Quindi, un tassello in più che spiega come elementi della mafia siciliana e quindi Pietro P. avessero potuto avere a che fare con lui.

X

NON A.C.A.B. MA A.C.A.C.

Gode di molti privilegi,
ma l'orgasmo
glielo procura solo il loro abuso.
(Roberto Gervaso, ibidem)

– punto 23.1 estratto dalla Pec inviata in data 12/12/2022 al ministero di Grazia e giustizia, (FF.OO. significa forze dell'ordine) –

Essendo lo scrivente un sostenitore delle FF.OO., nonostante i fatti qui esposti, detesta il termine A.C.A.B. rivolto alle FF.OO., appare che sia piuttosto adatto il termine A.C.A.C. coniato dallo scrivente che sta a significare *All Cops Are Confused* e che in alcune circostanze può anche significare *All Comunist Are Confused* perché nella città sinistroide di bergamo tra i vari epiteti perché non sottostava alle diffamazioni ed angherie subite lo scrivente si è anche sentito dire «Sei un fascista, (anche in quanto lo scrivente è politicamente di destra) non permetti agli altri di esprimere le loro opinioni (inteso discredito sociale, non accetti in silenzio la diffamazione)»; Tornando alle FF.OO. appaiono molto confuse in quanto poiché è scientificamente provato che l'ambiente vince sempre sull'individuo e modella il soggetto in base all'ambiente in cui lo si inserisce, appare che non si riesca a modificare l'ambiente al fine di far comprendere alcune cose alle Ns FF.OO. un po' A.C.A.C:

Se un appartenente alle FF.OO. fa una chiamata come quella fatta dalla poliziotta di via poma, appare solo una bulla che si nasconde dietro al telefono al pari di quelle che fanno le truffe telefoniche o le minacce anonime, non di certo una persona coraggiosa indipendentemente dal modo spaccone in cui si mette in mostra per sopperire a qualche sua confusione interna.

Se un appartenente alle FF.OO. si nasconde dietro una mascherina in un ufficio pubblico e si diverte a bloccare il passaporto di una persona perché vuole mettersi in mostra (o perché glielo ha chiesto qualche suo amico sprovvisto di traduttrice sotto la scrivania dopo una denuncia) non si è un poliziotto, ma si è peggio di quelli che in mezzo alla strada scippano le vecchiette, almeno loro lo fanno per bisogno, chi lo sta facendo per mettersi in mostra denota una doppia vigliaccheria poiché un pubblico ufficiale non è un sicario che va mascherato, almeno quest'ultimo sa che può morire mentre va verso il bersaglio mentre il poliziotto un po' A.C.A.C. pensa che il suo comportamento è un comportamento di valore, ma di fatto è una menzogna che gli dice la sua testa un po' confusa in quanto è un codice di condotta universamente riconosciuto come deplorevole e pusillanime.

Se un appartenente alle FF.OO. va a minacciare una famiglia informandoli che gli farà chiudere l'attività perché non vuole che la compagna venga (a ragione) denunciata, non è un comportamento da duro, ma da miserabile.

Se un appartenente alle FF.OO. usa il suo ruolo per far violare la legge in cambio di prestazioni sessuali, non è un Casanova, Latin Lover, Seduttore o come vogliano definirlo nella sua caserma e/o ufficio, è uno che sta pagandosi delle escort con i soldi degli altri ed è anche un po' confuso sulla matematica in quanto sta pagando migliaia di euro (mezzi dello stato, costo permesso di soggiorno prendendo il valore sul mercato nero di circa quattromila euro) anziché pagare una prestazione che la ragazza fornisce ad altri per poche centinaia di euro.

Quando un appartenente alle FF.OO. ti continua a ridere in faccia al cittadino mentre fa minacce torbide e larvate e si sente estremamente intelligente per aver richiesto il tabulato telefoni di un'utenza errata a difesa del pilu traduttorio, appare un po' confuso perché non è né intelligente né ammirevole il comportamento avuto.

Se una persona armata e con tutte le protezioni del caso ne attacca un'altra disarmata e che non può difendersi senza motivo come nel caso di Cucchi ed Aldrovandi ed altri casi (contro studenti durante manifestazioni), non può sentirsi tronfio come un combattente che ha vinto sull'avversario; Si è forse mai visto sul ring un pugile che picchia un avversario legato mani e piedi ed applaudito dalla folla che si atteggia a campione? Se mai accadesse un incontro del genere il confuso «Campione» si prenderebbe gli sputi e gli insulti.

Omettere la verità perché scomoda agli organi inquirenti al fine di nascondere quella che non si esclude possa essere vista come un grave incompetenza o come un dover portare (a) risultati per mettersi in mostra ai media come appare sia accaduto per alcuni episodi citati nella presente non escludendo che l'operazione carwash avesse come finalità primaria evitare di poter essere esposti ai media quando determinate cariche dello stato erano ancora lontane da scandali come «Magistratopoli» non è un comportamento eroico e nemmeno di cui essere fieri, ma appare che le FF.OO. un po' A.C.A.C. si sentano tronfie di aver fatto accertamenti fiscali fasulli al pari di truffatori da strada che danno il cosiddetto «Pacco» con all'interno un oggetto diverso da quello mostrato in precedenza.

Dato che si parla tanto di bullismo nelle scuole e si attaccano pubblicità informative nelle bacheche, non si esclude che bisogni dare un aiuto non solo a bambini e adolescenti forse confusi perché non hanno abbastanza supporto in famiglia, ma anche a degli adulti in divisa che appare siano parecchio confusi sui loro ruoli.

XI

RUBY TER VS FRIDA NEVER, NON TUTTO U PILU È UGUALE DAVANTI ALLA LEGGE

*Essere ipocriti, che bassezza!
Ma essere ipocriti e malvagi, che
orrore! (Voltaire)*

*In un momento di inganno,
dire la verità è un atto
rivoluzionario
(George Orwell, 1984)*

— estratto dalla Pec inviata in data 12/12/2022
ventidue al ministero di Grazia e giustizia —

109.   In questo periodo, ultimo trimestre 2022, si torna a parlare del Ruby ter che è una prosecuzione del «Vallettopoli–puttanopoli» termine coniato dopo un'inchiesta nata nel 2006; Appare che gli abusi di potere subiti dallo scrivente siano un meccanismo atto a non far

emergere «Traduttopoli»; quindi, mentre un procedimento è al punto ter, uno non è mai iniziato e non si sa se mai inizierà.

110.   Molti media hanno coniato termini sulle vicende e sulle feste del premier Berlusconi, ma se nel 2006 fosse emersa la vicenda Frida, i detrattori dell'ex premier avrebbero avuto ben poco da divertirsi a fare sketch irriverenti tramite i canali media e social, anzi non si esclude si sarebbe verificato l'opposto perché se appare grave e goliardico che un politico chiami la Polizia asserendo che Kalima/Ruby è nipote di un regnante egiziano appare ancora più grave che quella che appare un elemento di spicco in quello che non si esclude sia un sodalizio e/o

organizzazione criminale sia stata classificata come collaboratrice di giustizia.

111.   Non si esclude che lo scandalo traduttopoli avrebbe spento sul nascere ogni tentativo di attacco contro il premier Berlusconi sulla cui persona è stato creato: un discredito planetario, una condanna rivelatasi poi costruita e strumentale per farlo dimettere nell'anno 2011 ed iniziare l'era dei «Governi tecnici».

112.   Si pone un esempio di cosa sarebbe potuto emergere tramite i canali media della famiglia Berlusconi o di altri che non hanno basato la loro audience sull'infangamento dei coinvolti nel Rubygate:

112.1. «Ad Arcore durante le serate solo cene eleganti e canti di gruppo, le invitate vocalizzavano a squarciagola a differenza delle feste delle traduttrici della procura bergamasca, le quali hanno sempre la bocca chiusa intente and ingoiare tutto»

112.2. «Ingorgo orale quando la traduttrice è in tribunale»

112.3. «Se in Sicilia è nata cosa nostra a bergamo è nata Cosa Rossa»

112.4. «Berlusconi asserì che Ruby era la nipote di Mubarak di modo che non dovesse pagare in traduzioni per essere libera»

112.5. «Chi u pilu della finanza ha denunziato per frode fiscale sarà indagato»

112.6. «A bergamo, nella città rossa violano le leggi della fisica: Verba volant, scripta evanescunt» (forse ingoiati durante una traduzione)

112.7. «A bergamo Giudice di Pace donna sostituita da collega maschio in quanto sprovvista dello strumento atto a poter comprendere l'importanza strategica di una traduttrice; Questione di pene»

112.8. «Metodo passera rossa: traduzione mattutina esta bonna medicina, traduzione pomeridiana è come mangiare una banana (integrazione di potassio), traduzione in tribunale dalla condanna ti può salvare»

112.9. «Indagine secondo il metodo rosso basato sul meccanismo delle tre P: Le penne omettono e le pene non vengono applicate perché i peni vengono usati per indagare»

112.10. «L'appuntato Rizzo omette dichiarazioni a protezione dei falli che ricevono traduzioni; Si palesa un numero da far invidia ad una omonima star, Jessica (Rizzo).»

112.11. «Scioccata la dama bianca di Berlusconi la quale dichiara: Non sapevo che per fare traffici stupefacenti si dovessero fare traduzioni in località provinciali anziché voli internazionali»

112.12. «La mafia rossa ha creato l'operazione carwash per nascondere i procedimenti evidencewash»

112.13. «Dopo l'avviamento del programma 3P (programma protezione pilu), irrecuperabili gli atti spariti dal procedimento Penne, Pene e Peni; Distrutti col metodo della gola profonda, usato il celebre algoritmo: non faccio cadere nemmeno una goccia».

112.14. «Scoperta l'esistenza del nulla osta abitativo rosso: Non aprire quella porta, ma spalanca la potta, vieni pure dentro casa Carlotta»

112.15. «Scoperti i traffici del maresciallo Paolo u porcu, manettaro con i concorrenti degli amici, uno degli arrestati dichiara: Maresciallo infame tagli la coca come se fosse salame».

112.16. «Chi ha informazioni scomode alla traduttrice passera rossa con un incidente finisce nella fossa»

112.17. «Non è meretrice, ma traduttrice secondo le divise rosse ed asseriscono: È sempre questione di lingua. Interpellata l'accademia della Crusca, si attende replica sulla questione della mera traduttrice o tradu–meretrice.»

112.18. «Maresciallo non arresta pusher con un kg e mezzo di erba in casa e che spaccia da oltre vent'anni, si giustifica essendo aderente a movimenti green e dichiarando: campa cavallo che l'erba è uno sballo.»

113. Appare che Frida abbia avuto un potere ben maggiore di un grande imprenditore e politico come Silvio Berlusconi; infatti, l'ex premier non è riuscito a far distruggere atti dalla procura e contemporaneamente dai fascicoli di parte, se il processo Ruby si fosse svolto con le modalità del procedimento Frida avremmo visto il dott. Berlusconi non in veste di imputato, ma testimone a favore di Ruby.

114. Lo scrivente si riserva di inoltrare la presente agli organi di stampa (soprattutto della famiglia Berlusconi) in quanto appare che non vi sia altro metodo per ottenere giustizia.

IL CONCETTO DI : «JE SUIS DON ABBONDIO ET JE NE SARAIS JAMAIS MUZIO SCEVOLA »

Ma lor signori sono troppo buoni
troppo ragionevoli
(don Abbondio, i promessi sposi)

— estratto dalla Pec inviata in data 12/12/2022 dal
ministero di grazia e giustizia –

bergamo è nota per essere una città dove si millanta: «La mafia qui non esiste», una delle frasi più pronunciate è «Mola mia», che significa non mollare, ma di fatto, il record di carabinieri indagati e tutto il sottobosco che emerge dai fatti delle traduttrici fa apparire una forte predisposizione all'impotenza appresa; A parole non si molla, nei fatti non si mai opposto resistenza a nessun abuso di potere; Appare che il principio su cui si basa quello che non si esclude sia un sistema omertoso, e su un clientelismo mafioso, di cui si rinnega di essere parte quando si viene scoperti in atti clientelari, come esposto nella presente, prima un soggetto si propone di fare da intermediario con una divisa sporca (spacciando questo comportamento per un comportamento coraggioso e di valore), di modo da fare di fatto un favore a questa, successivamente si cerca di ottenere un credito da questa, ma di fronte al fallimento quando si viene scoperti emerge il profondo coniglismo del servo; Stessa situazione quando tentano di deviare l'attenzione da un sistema che appare mafioso inventando che il fulcro del problema è una questione sentimentale, quando però i soggetti vengono messi di fronte alla realtà negano e tentano di far credere che sono dalla parte del perseguitato. Tale comportamento ricorda molto il Don Abbondio manzoniano che davanti ad un abuso di potere risponde «Ma lor signori son troppo buoni, troppo ragionevoli» e quando si viene scoperti si nega facendo finta che si è dalla parte del bersaglio e non del sicario, quindi un comportamento opposto allo storico comportamento di Muzio Scevola nel fallito omicidio; Quando scoperto nell'atto di clientelismo, il servo della divisa sporca si offende per le accuse e mostra un vittimismo che viene esposto con la stessa enfasi di «Je suis Charlie Ebdo» come se fossero i servi sostenitori del sistema deviato le vittime.

Appare un'aggravante che le mancate denunce contro un sistema deviato provengano da una località abbiente e che l'epicentro sia la collina con le persone più abbienti. Particolarità: Le persone serve esposte nella presente sono tutte politicamente a sinistra.

INDICE

BATTAGLIE KARMIKE E DEE BENDATE

I	Accesso agli atti	7
II	Analisi dei fascicoli	19
III	L'uomo di zio Totò	29
IV	Conversazioni con Nisio	43
V	Alfredo, il ritorno	73
VI	Sempronio	81
VII	Ufficio passaporti	93
VIII	Karma	105
IX	Il tradimento del non killer di Montegranaro	137
X	Non A.C.A.B. ma A.C.A.C.	152
XI	Ruby ter vs frida never, non tutto u pilu è uguale davanti alla legge	160
XII	Il concetto di: «Je suis don abbondio et je ne sarais jamais muzio scevola»	169